A 501

えっ、ほんと?　英語で脳が若返る!

70歳からの
やり直し英会話

中島孝志
Takashi Nakajima

JN074729

アルソス新書

はじめに

　日本有数の英会話学校に、NHK英会話講師のプロデュースでミリオンセラー、そうそう、竹村健一さんのベストセラーも世に出しました。

　久しぶりの英会話本、今度はどんなコンテンツにしようか……。

　というわけで、英語があまり登場しない英会話本にしましょう。だって、これ以上、勉強する必要なんてありませんもの。毎日の生活を見れば英語だらけでしょ。

　私たちの脳はすでに英語であふれているのです。だから、だれもが知っている英語・英単語。けど、こんな使い方あるよ、という提案です。

　英会話本に絶対出てこない「英語」が **"Hello !" "Thank you !" "OK" "please"** の４つです。

　なぜか？　子供でも知っていて「日本語」も同然だからです。いまさら覚えようなんて人もいませんし、教えようという人はなおさらいません。

　実は、多くの（ほとんどの）英語がそうなんです。日本でずっと暮らしていても、私たちは毎日毎日、「英語」を使っています。車名など思い浮かぶだけでも **prcsident**（大統領）、**century**（世紀）、**harrier**（鷹の一種、侵略者）といった具合。

　難しい英語は不要どころか、百害あって一利なし。ネイ

ティブもホントは知らない英語ばかり。

　たとえば、"tomato" を説明するときどうします？　東大生にトライさせると、**"There is a lot of water in it. Very very little seeds in it."** でした。

　この説明を聞いたネイティブの回答は **"Apple"** **"Strawberry"** **"Watermelon"** と来ました。

　同じことを小学生にしてもらうと……**"Red"** **"Salada"** **"Juice"** と知ってる英語を繰り出し、ネイティブも一発で "tomato" とご名答。

　もう覚えなくてけっこう。いままでたくさんインプットした「英語」で十分。ビジネスシーンでも戦えます。

　私たちの脳は英語であふれています。人生経験豊富……もう新たにインプットする必要はありません。たくさんチャージしてきた残高から引っ張り出せばいいだけなのです。

　私、英会話って、どうしても話さなくちゃ、なんとしても伝えなくちゃ大変なことになる、という「危機感」で決まると思うのです。追い詰められたらどんどん出てきます。それだけの残高があるんですからノープロブレム。

　70 歳からのやり直し英会話はいいことばかりです。実は、認知症予防にも大いに役立つ、という医学結果をお知らせしたいと思います。

　Joke 好きのアメリカ人にウケた話を一つ。

"If a man speaks two languages, we call him bilingual. If a man speaks three languages, we call him trilingual. What do you call a man who speaks only one languages ? "

  "American !! "

　「２ヵ国語をしゃべれる人は **bilingual**、３ヵ国語しゃべれる人は **trilingual**（ちなみに複数語しゃべれる人を **multilingual** といいます）。では、１ヵ国語しか話せない人はなんというでしょう？」

　"American !!"

　実は、バイリンガルは認知症を防ぐ効果が証明されています。

　バイリンガルは加齢による脳機能低下を遅らせ、認知症にもなりにくい、とする研究成果が海外で続々と発表されています。

　トロント（カナダ）の病院ではバイリンガルのアルツハイマー病について、神経学者と老年心理学者が高い相関関係があることを突き止めています。

　コリン・フィッシャー博士（老年心理学）によると、アルツハイマー病で認知能力が同レベルのバイリンガルとモノリンガル（一言語だけ話す）20人ずつの脳を調べると、バイリンガル脳は大いに萎縮。つまり、バイリンガル脳はモノリンガル脳よりアルツハイマー病が進行していたにもかかわらず、脳機能低下がそれほど進んでいなかったのです。

　なぜか？　バイリンガルは会話の際に盛んに言語脳の切

り替えをしますが、このスイッチングが神経回路を強化する結果、脳機能低下を防いでいるのではないか、という仮説にいたりました。ほかの研究機関や医療機関でも同様の結果が得られています。

米国ケンタッキー大学病院ではさらに興味深いことがわかっています。

高齢患者計110人を対象に注意力、思考力、認知能力のテストを行うと、バイリンガルはモノリンガルより思考力が高く、また色や形を識別する能力も優れていたのです。脳内の動きをスキャナーで調べますと、モノリンガル脳は必死に頑張っているのですが、バイリンガル脳は若者のように余裕をもって機能していたのです。

やはり、頭の切り替えスイッチが盛んに動いて神経回路を強化している可能性がある、とのこと。結果、神経細胞損傷による機能低下を防いでいる、という仮説を得ています。

ベルギーの大学研究チームは「バイリンガルはアルツハイマー病発症を4年遅らせる」と発表しています。患者134人（65人はバイリンガル、69人はモノリンガル）を1年以上追跡調査した結果です。バイリンガルがアルツハイマー病と診断された平均年齢は77歳。モノリンガルより4年も遅いとのです。

70歳からのやり直し英会話は認知症になりにくく、なったとしても進行を遅らせるという明るい展望が大いに期待できそうです。

目次

知っていると便利な英単語

読んで身につく英会話

① It's out of question. 問題ないよ。

いきなりですが、次の英語は正しいでしょうか？　もし間違っているとしたらいったいどこをどう直せばいいでしょうか？

① めがねを忘れた！

I forgot my glasses at home.

② 夢を見た。

I saw a dream.

③ いま、時間ある？

Do you have the time?

④ それって問題外だよ。

It's out of question.

⑤ 彼はナイーブな人だ。

He is naive.

慣れた人でも勘違いしやすい英語です。正解は……。

①「眼鏡を忘れた」というときの「忘れた」は **forgot** ではありません。これでは記憶から忘れ去ったことになってしまいます。「忘れた＝家に置いてきた」という意味ですから **leave** の過去形 **left**。

I left my glasses at home. が正しい英語です。

②「見る」は **see**。「見た」だから **saw** ではないんです

ね。「夢を見る」は **have a dream**。キング牧師のあれ。正解は **I had a dream.** です。

③「時間」は **time** ですからこれでも通じそうですが、**the** が余計。**the** があるときは「いま、何時？」と時間を訊ねるときの定番表現です。

正解は **Do you have time?**。

④ これも同じ。「問題外」というときは、**It's out of the question.**。

It's out of question. は「問題ないよ」という意味ですから、まったく反対です。

⑤ 日本語と英語では「ナイーブ」の意味が違います。日本語では「傷つきやすい、心が敏感だ」という意味ですが、英語で naive というと「若造だ、経験がない、知識がない、騙されやすい」と散々な意味です。もし、日本語のナイーブという意味で使うなら……。

He is sensitive (delicate).

「今夜飲みに行かない？」という誘いに対して……。

I hope I can.
I wish I could.

どちらも「行けたら行きたい」という意味ですが、ニュアンスが違います。

I hope I can. なら「行けると思う」と **positive** ですが、**I wish I could.** だと「行きたいけど無理」という **negative** な意味なんですね。

大昔、後者の意味で伝えたつもりなのに、どこをどう間違ったのか、**I hope I can.** と返事して待ちぼうけを食わせたことがあります。

お祝いのときに、**Congratulations!** と言います。すっかり日本語となって結婚式でよく聞きます。

これは必ず複数形。同じような言葉に **Lucky!** もありますが、使い方がぜんぜん違います。

Congratulations は努力の結果、なんとか手に入れたことに対して「おめでとう」「良かったね」と祝うものですから、昇進昇格のケースにも使います。

一方、**Lucky** は「運良くたまたま手に入れたもの」に対するもの。昇進した人にこんなことを言うと、「あいつは含むところがあるな」と急速に仲が悪くなるかもしれません。結婚式でも、「ようやく結婚できたね」ととられかねません。

③ More specific, please?

もっと具体的にお願いできますか。

相手の言うことが聞き取れないときの常套句といえば、**Pardon?** とか **I beg your pardon?** とかですね。

More specific, please? も便利。もう少し具体的におっしゃってください、と聞き取れないだけでなく、小難しくて意味不明のときによく使います。

Louder, please. とか **Say that again, please.** だと、同じ話の繰り返しになりかねません。もっとちがう筋から解説してほしいことはよくあります。

Please repeat your point in another way?

そこで違う観点から、もう少し別の方法で教えてよ、というわけです。

Pardon? の連発でもかまいませんが、いろいろなパターンで聞き返すとなんとか伝えようと相手が頑張ってくれます。そのほうが答えをもらうのに楽なだけでなく、プラス情報も期待できます。実はプラスの情報のほうが面白い情報だったりして……。

He is a good bargainer.

彼は駆け引き上手だね。

bargainer は、bargain sale のバーゲンの派生語です。

もともと「契約、売買契約、掘り出しもの」という意味があります。たとえば、bargain hunter といえば、スーパーの特設売場などで「特価品をあさる人」のことです。

「やりて」といわれるビジネスパースンは必ず交渉上手です。hard negociater といわれます。

だれもが勝ちたい。勝つためには人材次第。当然、駆け引きの巧い人材が高く評価されます。「敵もさるもの」「一筋縄ではいかない」と hard だからこそ、negociation が終わった瞬間、scout や recruit されることだって少なくありません。

hard であればあるほど respect されるのです。yesman はバカにされるだけです。

He is a manageable man.
あいつはどんな命令でもきくよ。

Japanese politicians are very governable.
日本の政治屋は使いやすい。「統治しやすい」ではありません。逆です。

hard negociator は tough guy です。「一筋縄ではいかない」「簡単には折れない」、だから「一目置かれる」のです。

After debating, there are no sides now.

議論が終わったら敵も味方もなしだ。

　米国では子供の頃から "**debate**" のレッスンがあります。

　敵味方に分かれて、あるテーマについて **discussion** して勝敗を競うのです。チームや個人で駆け引きや交渉を実戦スタイルで学びます。ビジネススクールに進めばさらに叩き込まれます。

　debate は別に正義のために議論するわけではなく、"**game**" としてエンジョイするものにすぎません。

　ですから、結論 A ではなく結論 B へと攻守入れ替えて議論ゲームを展開することも少なくありません。まさに弁護士と検事が闘うスタイルです。

　終われば **noside**。どちらのサイドでもない＝仲直り。**discuss** という言葉は **dis**（否定の接頭辞）＋ **cuss**（恨み辛み）の合成語です。つまり、「恨みっこなし」ということです。

　子供のときから授業に **discussion** が組み込まれていますから、和合の精神あふれるわが国民が一朝一夕に太刀打ちできるものではありません。相手に嫌われたくない、などと余計なことは考えない。ゲームなんですから。

　ところで、「嘘も方便」といいますが、駆け引きに嘘やインチキは禁物です。嘘とインチキ。これで勝ったとしても **unfair** になってしまいます。これは最悪の評価になります。

正々堂々と勝つ。正々堂々と敗ける。勝負は時の運。意外とそういう処がアメリカ人にはあります。

　嘘とインチキは禁物ですけど、相手の錯覚とか間違いは徹底的に利用する狡猾さがあります。ビジネスシーンでは必ず自分が勝てるように都合のいいデータと資料をどっさり用意して臨みます。この厚かましさには辟易とするばかりですが、敗けたくなければ、アメリカ人以上に用意周到にすればいいだけのこと。

　ビジネスはしょせんゲームです。熱くなったら敗けです。

⑥ Fair Game! 格好の標的だ！

　ショーン・ペン（オスカー賞受賞）とナオミ・ワッツが共演した映画『Fair Game』（米国で2010年公開）という傑作があります。

　いかに米国政権がカネのためならなんでもやるか、その腐敗ぶりが示唆された映画です。

Truth is stranger than fiction.
事実は小説よりも奇なり。

　ここ数年、米国政治が披露している現実は映画の世界をはるかに超越しています。

　Fair Game とは「公平な闘い」という意味……ではまったくありません。「格好の標的（攻撃目標）」という意味です。

　映画のベースとなった事件は、ナオミ・ワッツ演じるヴァレリー・プレイムの名前から「プレイム事件」として全米では知られています。ウォーターゲート事件など吹っ飛んでしまうような空前のスキャンダル＝大統領の犯罪です。ブッシュ（バカ息子の方）はじめ、逮捕された政府高官や委員会でのプレイム発言など実際のシーンを効果的に映像に取り入れ、公開当時、高い評価を得た作品です。

　03年、ブッシュが「大量破壊兵器」「化学兵器」の保持を理由にイラクに宣戦布告しました。終わってみたらそんなものどこにもない。サダム・フセインは冤罪だったので

す。完全な言いがかり。石油が欲しかっただけ。

　CIA工作員のジョー（ショーン・ペン）はイラクの核兵器開発疑惑についてニジェールで調査してもなんの証拠も出てこない。当然、ないものねだりですから。プレイムもCIA工作員としてイラク内外の科学者を調査しますが、やはり核や大量破壊兵器の開発計画はなんにもない。

　そりゃそうです。91年にパパ・ブッシュがイラクを攻撃したとき工場は破壊し尽くされていましたから、開発しようにもできるわけがありません。経済破綻していますから資金もない。

　もちろん、ホワイトハウスは百も承知。けど、どうしても戦争したい。油田が欲しい。まさか、それからしばらくしてシェール革命で原油も天然ガスもざくざくでサウジ、ロシアを抜いて埋蔵量1位になるとは思いもしなかったでしょう。

　大量破壊兵器がないと困る。でも、どこにもない。となれば、今回のロシア・ウクライナ軍事衝突、あるいは20年の米大統領選、さらにいえばニクソンのウォーターゲート事件やケネディ暗殺事件で行ったように、メディアを使ったプロパガンダを展開します。

　米国の凄いところは共和党に反対する民主党びいきの記者やメディアもいるんで、情報操作を徹底できないことです。大本営発表メディアしかない日本とそこが違います。ホワイトハウスはCIA報告書を握りつぶします。怒り心頭のジョーは「ニューヨーク・タイムズ」の記者に真実をリークします。ホワイトハウスを向こうにまわして全面対決。

　ホワイトハウスはメディアを使ってジョーとプレイムを徹底攻撃。国民の関心を逸らすために法律で禁止されているにもかかわらず、プレイムが CIA 工作員だという秘密情報をメディアにリーク（後にリチャード・アーミテージ国務副長官は自分がやったと告白）。

　このニュースは即刻、世界中に流れ、非難囂々。CIA の評判は世界中どこでも良くありません。世界中で工作していた作戦はすべてご破算。

　ジョーは記者会見を開いて、ホワイトハウスの違法性を訴えます。03 年、CIA は司法省に機密情報漏洩に関する調査を依頼。特別検察官はディック・チェイニー副大統領の首席補佐官ルイス・リビーを偽証と司法妨害で起訴。リビーは辞任。ブッシュは巧く逃げ切りましたが、07 年、リビーは実刑判決、しかしブッシュが大統領権限で執行猶予に減刑します（世論は大反発）。

　チェイニーについては「暗雲（**cloud**）」というニックネームがつけられ、これが流行語になります。後にこのタイトルで映画化されました。もちろん、私は見ました。

7 **He's history.** もう過去の人だ。

　英語を勉強していると、「えっ、こんな単語にそんな意味があったのか！」と思わぬ発見をすることがあります。かなり例外的な使い方かと思うと、メディアでは案外よく使われていたりするんです。

①**I paid a $10 fine by speeding.**
　スピード違反で罰金 10 ドルだった。

②**He's history.**
　もう過去の人だ。

③**They are headless chickens.**
　彼らは烏合の衆だ。

④**He was dead on time.**
　時間きっかりに来た。

⑤**He is smart.**
　彼は頭がいい。

⑥**I'm poor at cold callings.**
　飛び込みセールスは苦手だなぁ。

　①の **fine** は「調子がいい」とか「晴天」のほかに「罰金」という意味があります。

　②の **history** は「歴史」です。つまり「過去の人」。昔は権力があったり羽振りが良かったりしていたけど、現役を退いてからはさっぱり。「昔の名前で出たい」けど出ら

れない、といったところでしょうか。

③の **chicken** は映画『Back to the Future』で一躍知られましたが、「臆病」ですね。しかも **headless**「頭がない＝おバカさん」。自分の頭で考えない、すなわち、付和雷同を意味します。「テレビで言ってたから」「有名人が言ってたから」というメディアの受け売りもおバカさんになる要因です。

④の **dead** は「ぴったりと、完全な、まったくの」といった意味です。**dead silence** といえば「完全沈黙」です。

⑤の **smart** は外面的なスマートさより内面的なそれを意味します。

⑥の **cold calling** は「アポ無し訪問」のことです。

学校英語ではあまりお目にかかったことがないだけに、そこには発見と驚きがありますから、かえって印象的で頭に入ってきやすいと思います。

Do you have a minute?

ちょっといい？

一分（**a minute**）は最小単位です。ちょっとの間ということ。

ところで、**Do you have the time?** は「いま、何時？」ですが、**Do you have time?** はなんでしょう。少し前に出てきましたが、覚えてますか？　そうです、「時間ある？」という意味です。

「いま暇（だったら相談したいことがあるんだけど）」とか、そういうシチュエーションでの発言。

May I bother you.
ちょっといい？

I'm sorry to disturb you.
じゃましてごめん。

了承するときの返事は **Any time.**（いつでもどうぞ）とか、**No sweat.**（お安い御用です）とか。

disturb はホテルに泊まるとドアノブにぶら下がってるプレートをよく見かけますよね。**Don't Disturb** と否定形ばかりですが。

⑨ No sweat. 軽いもんさ。

　アメリカ人は汗をかいたり努力したりすることを外にひけらかすことはあまりありません。

　というのも、生きていく上で努力することや、一生懸命にやるのは当たり前のことですから。要はきっちり成功するかどうか。結果責任に注目しているからでしょう。 だから、汗などかかないよ。軽いもんさ、と言ってポジティブに生きていますね。

　しかめつらをして頑張らない。頑張りすぎない。ケ・セラセラ。

Take it easy.
無理するな。

Don't work too hard!
頑張りすぎるな！

⑩ Go easy on me. お手柔らかに。

　1989 年日本で公開された映画『Die Hard』は、死んだほうがマシだ（それほどつらい）という意味でしょうが、「9.11 同時多発テロ事件（2001 年）」の時、最初に浮かんだのはこの「ダイ・ハード・シリーズは終わったな」ということでした。

　だって、あれほど想像を絶するシナリオは思いつかないでしょうから。「9.11 事件」が起こる前までに公開されたシリーズ 3 作品は、「9.11 事件」の前座にしか思えなくなりました。

　さて、**hard** の反対語は、**soft** というより **easy** でしょうね。

　「易しい、のんびり、ゆっくり」という意味。日本語でいう「頑張れ！」も **Take it easy.**（ゆっくりやれ）がいちばんフィットしているような気がします。

　実は、人間がいちばん力を発揮できるのは、力を集中する瞬間よりも肩の力を抜いて全身をリラックスさせたときなのです。笑ったときは無尽蔵に力が湧いてきます。うさぎ跳びも笑いながらトレーニングしたほうが無尽蔵に続けられることがわかっています。

　そういう意味で、頑張る＝ **easy** という意味は正しいのです。

　at an easy pace「ゆっくりした足取り」、**easy manners**「うちとけた態度」、**easy going**「のんびり行こうよ」、**easy mark**「お人好し」という表現など、どれも力を抜いてリラックスです。

　on easy street は「暮らし向きのよい生活＝裕福である」という状態を示します。

　easy come, easy go. といえば、悪銭身につかず、という諺です。簡単に手に入れたものは執着しませんからすぐに使ってしまいます。**easy money**「あぶく銭」ほどそうです。

11 # My effort paid off. 努力が報われた。

　懸命に努力する。その努力が報われる。「練習は嘘をつかない」と言ったのは青木功さん（プロゴルファー）でした。

Practice doesn't lie.

　努力が評価されるのではありません。結果で評価されるのです。努力するのは当たり前ですから。

　努力は掛け捨て保険だと考えています。あるいは入場券。努力しなければエントリーする資格すらありません。しかも、掛け捨て保険ですから、努力すれば必ず成功する、というほど甘くもありません。

　でも、「これだけやったヤツはいない」という自信というか自負はいざというとき、ものをいうと思います。

　さて、**pay** は「支払う」です。払い方にもいろいろあります。**pay cash**「現金で支払う」、**pay in advance**「前金で払う」というような具合です。

I paid off the loan early.
ローンを前倒しで返済しました。

　面白いことに、**pay off** には「借金を完済する」とか「給料を支払って解雇する」という意味がありますが、**payoff** となると「賄賂（**bribe**)」という意味になります。

I received payoff in return for favor.
見返りに賄賂を受け取った。

参考までに、**rebate** とか **kickback** には「賄賂」の意味
はまったくありません。

What happens if you get kickback from the IOC?
IOC から見返りをもらったらどうなる？

kickback は賄賂ではなく払戻金です。正々堂々と受け
取るべきものです。

12 **That's my skill talking.**

実力がものをいうんだ。

．．．

どんな世界でも **skill** がものをいいます。**skill** とは「優れた腕前、技術、能力」のことです。（読み書きなどの）基本的技術のことは **basic skills**。高い技術に裏打ちされた職人技のことは **skilled work** といいます。

Money talks.

地獄の沙汰も金次第。

Effort Talks.

努力がものをいう。

Sweet talks とは甘言のこと。**back talk** は（生意気な）口答えのことです。

⓭ What's new? お変わりありませんか？

挨拶の常套句です。

不思議ですね。「お変わりありませんか？」と訊くのに "new" ですよ。「お変わりありますよね？」と訳すべきでしょうね。

アメリカ人は「何か変わったことない？」と訊く気満々。変化＝進化＝生成発展という文化です。

一方、日本人はつつがなく平穏であることがベスト。無事是名馬。

No news is good news.
便りのないのがいい便り。

便りのないのがいい便り……アメリカ人にも変化恐怖症はあります。やっぱり同じ人間。無事是名馬は万国共通。

リスクをとるのも一興。けどドン・キホーテは巨大な風車にはかないません。

算数関連の英単語

☐ triangle	三角形
☐ equilateral triangle	正三角形
☐ quadrilateral	四角形
☐ square	正方形
☐ rectangle	長方形
☐ rhombus	ひし形
☐ trapezoid	台形
☐ pentagon	五角形
☐ hexagon	六角形
☐ cylinder	円柱
☐ triangular cylinder	三角柱
☐ square cylinder	四角柱
☐ cube	立方体
☐ cone	円錐
☐ triangular pyramid	三角錐
☐ sphere	球
☐ area	面積
☐ volume	体積
☐ diameter	直径
☐ radius	半径
☐ integer	整数
☐ fraction	分数
☐ decimal number	少数
☐ positive number	正の数
☐ negative number	負の数

- [ ] odd number   奇数
- [ ] even number   偶数
- [ ] add   足す
- [ ] subtract   引く
- [ ] multiply   かける
- [ ] divide   わる
- [ ] two squared   ２の２乗

A rolling stone gathers no moss.

石の上にも三年。

直訳すると「転石、苔を生ぜず」ですが、たいてい「石の上にも三年」と訳されています。石の上に三年も座っていれば温かくなる。一つのところで歯を食いしばって頑張ればいつかはものになる……昔は日本人にもウケたと思います。ですが、もはや、現代日本人はアメリカ人と同じです。

「転がる石には苔など生えない」

この場合の「苔」とは腕前が落ちたり、腕がなまったり。活発に動けば苔が生えない＝古くさくならないという意味です。そこにはよりよい待遇を求めてどんどん転職していくアメリカ人のライフスタイルがベースにあります。

ハーバード大学のMBA（経営学修士）取得者は就職1年以内に3割が転職します。よりよいポジションと収入を狙ってのことでしょう。ただし、むやみやたらに転職しているわけではありません。

次から次へやたらと転職を繰り返す人間のことを **job hopper** といいます。**hop step jump** の **hop** ですね。**grasshopper** といえばバッタのこと。もちろん、こういう人間は嫌がられますね。

では、好まれるタイプはどういう人材かというと、**career builder** です。転職するたびに有意義な **career** を形成していく。こういう人間でなければ高い **fee** はとれません。

⑮ How's your business?

儲かりまっか？

．．

　大阪なら「儲かりまっか？」という挨拶でしょうか。「ボチボチでんな」という回答なら "So-so." 大阪弁も英語も同じです。

Never been better.

絶好調だよ（ここしばらくこれほどいいことはないね）。

　business はビジネスパーソンならずともすっかり定番の日本語です。「商売、取引、仕事、職業、事業、取引、営業、企業、事件、関心事……」といろいろな意味があります。「ビジネス」用語というほうがわかりやすいかもしれません。

　businessperson といえば、ふつうは「実業家」とか「企業経営者」を指します。**the business world** は「財界」。**executive** となると、これは「経営者、管理者、重役、高級官僚」、**the Chief Executive** は「大統領、州知事」を指します。

Everybody's business is nobody's business.

共同責任は無責任。

None of your business.

あんたの知ったことか。

It's none of my business.

ボクには関係ない。

What is your business here?

なんのご用件でこちらへ？

What a business this is!

ほんとにやっかいだ。

Business is business.

商売は商売だよ。

　すぐ熱くなる。若い頃はとくにそうでした。無茶ぶりするお客さんには面と向かってキレはしませんけど、落ち込んだりやる気を失ったり、こんな仕事嫌だ、と辞めたくなったり……。でも、この仕事で食べていく、これしかない、という場合、辞めるわけにはいきません。就職難ならなおさらです。

　冷静になりなさい！　仕事は仕事。そこに感情を入れちゃダメだよ、というのが、**Business is business.** という意味なのです。我慢が足りない、といえばそうなのですが、我慢という忍耐力より大切なのは「頭の切り替え」です。

　この人はなんでこういうモノの言い方しかできないのか？　その原因を考えるほうが面白くなります。居丈高の人はご本人も居丈高にされている被害者であることが少なくありません。また成金ほど威張りたがる傾向がありま

す。虚勢を張らないと自分の力や成功をアピールできない
みたいです。

　正面衝突するより一歩引いてみることが心を落ち着かせ
るコツだと思います。若い頃の私にアドバイスしたいこと
の一つです。

⑯ Catch you later. またあとで。

catch という言葉は便利でいろいろな使い方ができます。「あとで捕まえる」という意味から「またあとで会いましょう」という簡単な挨拶にもなります。

I don't catch you.

（とらえどころがなくて）さっぱりわからない。

He caught me.

彼はわたしをだました。

I'll catch you up sooner.

すぐ追いつくよ。

What's the catch?

お目当ては？

catch phrase「キャッチフレーズ」の catch ですね。「キャッチー＝魅力的なポイント」という日本語のほうがわかりやすいかも。catching ＝魅力的、人目をひくとは、人の心をつかまえて離さないから魅力的、というニュアンスです。

　そして魅力的な人やモノは「価値が高い人（モノ）」ですよね。

He's a good catch for you.

彼はきみにとって最高の相手だよ。

⑰ It's a deep problem.

それはやっかいなことだ。

．．

deep は「深い、難しい、強度の」という意味です。
deep lake なら「深い湖」、deep influence は「強い影響力」、
deep sleep は「深い眠り」、deep winter は「真冬」となり
ます。

コーヒーには deep な味もあれば、strong な味もありま
すし、deepstrong まであって、なにがなんだかさっぱりで
す。strong coffee は「濃いコーヒー」と訳されてますので、
ならば、「deep coffee は？」と訊くと、同じ意味だとの回
答でした。

strong といえば「強い、強力な、頑丈な」。strong man
は「実力者」、strong box は「貴重品ケース」です。

He has strong nerves.

彼は神経が図太い。

He has a strong memory.

記憶力が抜群だ。

He worked deep in the night.

夜遅くまで働いた。

⑱ It's a small world. 世間は狭い。

　世間は広いように見えてとても狭いものです。ネットの世界ともなればなおさらです。

　お馴染みの単語 small ですが、make small talk といえば「雑談をする」。small eater は「少食家」、small beer は「弱いビール」、small change なら「小銭（つまらない意見、という意味もあります）」というように「小さい、弱い、つまらない」という意味が含まれています。

His big success made me feel small.
彼の大成功のせいで肩身が狭かったよ。

19 Let's call it a day.

今日はもう終わりにしよう。

残業で切りのいいところで止めにしようというときの表現ですね。

だれもが知ってる **day**。慣用句が多いのでそのまま覚えてもいいかも。

Leave it for tomorrow.
明日にしておけよ。

You made my day.
恩に着るよ。

It's your day.
最高の日だね。

It's not your day.
ついてないね。

I had a bad day at work.
会社で嫌なことがあった。

Every dog has his day.
だれにも良い時はある（決まり文句）。

⑳ Save it for a rainy day.

万一に備えて節約しといたほうがいい。

．．

a rainy day は「雨降りの日＝まさかのとき」という意味。**the weather** は「悪天候」、そういう日は体調が優れないものです。私も低気圧の日はやはり気分がいまいち。

I'm feeling under the weather today.

今日は体調がいまいちだな。

The event will go on rain or shine.

そのイベントは雨天決行です。

rain or shine は、日本でいうところの「雨が降ろうと槍が降ろうと＝どんなことがあっても」というニュアンスです。

May I take a rain check?

またの機会にできますか？

rain check は、野球やフットボールのゲームが雨で流れると観客に配られた半券のこと。次のゲームにタダで入れます。そこから「またの機会」という意味になったのでしょう。

『Rain Man』という映画があります。主演はダスティン・ホフマン、トム・クルーズ。第61回アカデミー賞と

第46回ゴールデングローブ賞、第39回ベルリン国際映画祭で作品賞を受賞。

　自由奔放な青年と重いサヴァン症候群の兄との出会いと旅。ヒューマンドラマの傑作です。わが国では舞台化もされました。

　弟は高級輸入車ディーラー。経営危機でも従業員に仕事を押し付け彼女と週末旅行。

　すると没交渉の父の訃報。遺産目当てに慌てて駆けつけると、車とバラ以外の財産はすべて兄への信託財産。

　遺産を手に入れたいがため、兄を施設から強引に連れ出してLAに戻ろうとします。道中、兄の特殊な才能（驚異的な記憶力）に気づき、それがきっかけとなって幼い頃の兄との思い出が蘇ります。

　どうして「**Rain Man**」と呼んでいたのか……。野暮になるのでもうやめときましょう。騙されたと思ってぜひご覧ください。もっと早く見ればよかった。人生大きく変わったかもしれない、と確信すると思います。

　サヴァン症候群で思い出すのは亡くなられた鳩山邦夫という政治家です。受験勉強は一切せず蝶収集に懸命。開成中高は入学から卒業まで常に一番。東大、大蔵省は楽々パス。極め付きは大臣になってから。官僚の用意した資料、データの類は一目で記憶。質問には役所の幹部全員が揃ってもタジタジ。こんな政治家、空前絶後だ、と伝説になっています。

21 Putin doesn't make up with Zelensky.

プーチンはゼレンスキーと仲直りしていない。

日本語のほうがわかりやすいかもしれません。いつも聞くのはメイキャップでしょうか。

Too much makeup!
厚化粧です！

makeup は名詞で発音はメイキャップ。make up という動詞ならメイカップ。ここ、少し注意かも！

I'll make up the report.
報告書をつくります。

He made up the story.
あいつがでっちあげた。

I made up my mind.
決心しました。

I'll make up for it.
埋め合わせするよ。

ホテルに泊まるとドアノブにぶら下がっているプレート。「**Don't Disturb**（起こさないで）」の裏には「**Make Up Room**（部屋を掃除して）」とあるはずです。

㉒ If you like. お好きなように。

if を用いる言い回しはたくさんあります。**if possible**「できれば」、**if anything**「どちらかといえば」、**if necessary**「必要ならば」……いずれもよく使います。

No ifs, ands or buts.
でももしかしもない。

トラブルに遭遇したとき、どんなに弁解しても共感を得られなければ勝ち目はありません。かといって、沈黙していたら「非を認めた」と受け取られてしまいます。

Speech was silver, silence golden, speech is golden, silence silver.
雄弁は銀、沈黙は金は昔の話。いまは雄弁は金、沈黙は銀だ。

gold には「金、金色、富、貴重なもの」など輝く意味ばかり。**golden person** は「才能に恵まれた人」のこと。

She is pure gold.
彼女はとてもすばらしい。

He struck gold.
彼は金づるを見つけた。

He has the power in his pocket.

彼は権力を握っている。

....

　米国には 3 種類のアメリカ人がいます。1 つはワシントンの住人、2 つ目はウォール街の住人、そしてそれ以外の普通に生活をしている住人。このなかでアメリカ社会でいちばん権力を持ち、いちばん影響力があるのは政財官界そして第 4 の権力メディアを牛耳るワシントンとウォール街のアメリカ人です。そして、この連中に振り回されているのが一般的な「その他大勢の無邪気なアメリカ人」ということです。

　生まれてこの方、一歩も村や郡から出たことがない、という人がほとんどです。

He has a deep pocket.
彼にはたっぷり資金がある。

He has a grip on FRB.
彼は FRB（Federal Reserve Board）を牛耳っている。

pocket にはいろんなものが入ります。「穴やくぼみ、お金、資金、まんまと手に入る」などの意味も、**pocket** にはあります。**grip** はバットなどを「つかむ、握る」という意味から「理解する」とか「掌握力」と連想できますよね。

㉔ Enough is enough.

もうたくさんだ。

　若い頃ならいくらでも食べられましたが、最近はいいものを少しだけ。まして好物でなければ無理して食べる必要はありません。**No, thanks**「結構です」でOK。これが健康にはいちばんいいと思います。

　腹も身のうち。適当に切り上げほどほどにしておく。自分でセーブしないといけません。

enough は「十分な」という意味です。
ケースバイケースでいろんな意味がありますね。

I've had enough of this.
こんなのもうたくさんです。

I've enough of him.
彼にはもうこりごりだ。

I've got more than enough to do.
嫌というほどやることがある。

㉕ I don't buy that.

ボクはそうは思わない。

....

　buy は「買う」と覚えている人が多いと思いますが、「その意見は買わないよ」から転じて、「ボクはそうは思わない（ボクの意見は違うんだ）」となります。

I'll buy it.

（クイズや質問に）わからないから教えてくれ。

He bought his way into the political society.

彼は金の力で政界に潜り込んだ。

㉖ He is smart. 彼は頭がいい。

smart とは「頭のよい、賢い、機知にとんだ」という意味で、スタイルがいいという意味はありません。

He always gives a smart answer to me.
彼はいつも気の利いた返答をする。

smart buy なら「いい買い物をしたね」と褒めたり、smart society といえば「上流社会」のこと。

He is not smart.
頭が良くありません。

He is not that smart.
そこまで頭は良くありません。

He looked smart. なら「カッコよくみえた」という意味ではありますが、外見的な話ではなく内面から醸し出される知的な雰囲気を褒めているんですね。

27 She has a good figure.

彼女は美貌の持ち主だ。

　フィギュアといえばフィギュアスケートの羽生結弦選手のスケートとか、本物そっくりの造形で知られる海洋堂のフィギュアを思い浮かべるかもしれません。

I have a figure of Godzilla.
ゴジラのフィギュアを持ってるよ。

He would be the most famous figure skater.
フィギュアスケート選手ではいちばん有名じゃないかな。

figure は、「造形、図、人体、数字、像、人物、数」などを意味します。

He has a slender figure.
彼はすらりとしている。

He is handsome.
彼はハンサムです。

Lincoln is the most important figures in American history.
リンカーンは米国史上もっとも偉大な人物だ。

㉘ It's cool. かっこいいね！

cool は「涼しい＝すっとしてかっこいい」という連想です。

You're as cool as an iceberg.
きみは冷たいね。

cool そのものの使い方もありますが、会話の流れでいろんなパターンがあります。

That's cool. Maybe next time.
気にしないでね。また今度（まあ、ないと思うけど、というニュアンス）。

That's so cool.
それはいいね。

She is so cool.
彼女はとってもいいよ。

So cool! とはあまり言わないようで、主語と動詞をつけるのが一般的です。

日本の政治を語るための常連英単語

- [ ] Prime Minister 内閣総理大臣
- [ ] National Diet 国会
- [ ] legislator assembly-man 議員
- [ ] Speaker 議長
- [ ] House of Representative 衆議院
- [ ] House of counselors 参議院
- [ ] Cabinet Office 内閣府
- [ ] National Public Safety Commission

  国家公安委員会
- [ ] National Police Agency 警察庁
- [ ] Ministry of Defense 防衛省
- [ ] Ministry of Justice 法務省
- [ ] Ministry of Foreign Affairs 外務省
- [ ] Ministry of Agriculture, Forestry and Fisheries

  農林水産省
- [ ] political party 政党
- [ ] the ruling party 与党
- [ ] opposition party 野党
- [ ] independents 無所属
- [ ] local self government 地方自治
- [ ] offspring of politician 二世政治家
- [ ] Prefectural Governor 知事
- [ ] faction 派閥
- [ ] Cabinet rating 内閣支持率

ビジネス英語の常連英単語 1

- [ ] the top management   首脳陣
- [ ] board of directors   役員会
- [ ] chairperson   会長
- [ ] CEO (Chief Executive Officer)   最高経営責任者
- [ ] COO (Chief Operating Officer)   最高業務執行担当責任者
- [ ] CFO (Chief Financial Officer)   最高財務担当責任者
- [ ] CTO (Chief Technology Officer)   最高技術担当責任者
- [ ] representative director   代表取締役
- [ ] executive vice president   筆頭副社長
- [ ] senior vice president   上級副社長
- [ ] senior managing director   専務取締役
- [ ] managing director   常務取締役
- [ ] director   取締役
- [ ] corporate officer   執行役員
- [ ] auditor   監査役
- [ ] outside director   社外取締役
- [ ] executive   経営者、管理者、重役、高級官僚
- [ ] the Chief Executive   大統領、州知事
- [ ] businessman   実業家、企業経営者
- [ ] the business world   財界

29 **What's the deal?**

いったい、どうなってるの？

deal は、ディーラーから連想されるように、「取り扱う、商売、取引」ということ。

また、deal は不動産王のドナルド・トランプ前大統領の常套句でもあり、つまり、彼が商売目線の政治家ということもいえます。

It's a deal.
それで話は決まりだ。

I'll deal with you later.
きみの取り扱いはあとにしよう。

That's a great deal.
超お買い得だよ。

a big deal といえば、「大物」とか「でかいこと」です。

He's a big deal in the IT business.
彼はテック業界の大物だよ。

㉚ It's behind schedule.

予定より遅れている。

tight schedule なら「超多忙」。**heavy schedule** なら「きつい仕事が立て続けにある」状態とか。こうなりますと、計画とか予定が狂うのは当然でしょう。

スケジュールを守れないのには原因があります。たいてい全体像を描いていなかったり、ゴールのイメージをつかんでいなかったりとか。ゴール（最終形）の絵が違っていればズレるのは必然でしょう。遅れるべくして遅れているわけです。

イメージ違いといえば、夕食で玉子と鶏肉を用意しているのがわかって、きっとオムライスが出てくるかと思っているところに親子丼。ゴールのイメージは大切です。

キモは逆演算思考＝バックキャスティングでしょうね。**backcasting** とは「**back**（前から後ろに）」「**casting**（放り投げる）」という意味です。**cast** ＝役者に役を振り分けるから **casting** といいます。

段取りを考えるポイントはゴールです。「〆切はいつか？」から逆算します。「考えた仕事」は行き当たりばったりではありません。スタートとゴールとくにゴールを見据えています。

ゴルフなら当たり前。カップインから逆算してパーやバーディをとりに行くスポーツですから常に逆算思考しているはずですし、旅行の計画もそうですよね。

It's ahead of schedule.

予定より進んでる。

I'll adjust my schedule.

予定を調整してみるよ。

I'm sure she can reschedule.

彼女は予定を変更できると思うな。

Please allow me to reschedule its debt.

返済計画の見直しをお許しください。

「リスケ」も日本語になっていますね。私などしょっちゅう使ってます。キャンセル、とくにドタキャンよりはだいぶましかもしれません。

He cancelled the meeting at the last minute.

彼は会議をドタキャンした。

㉛ What's your bottom line?

なにができるの？

・・

　ヘッドハンターが **interview**（面接）でよく使ってます
ね。これ、彼らの決まり文句です。

　いまは昔、私も 30 代の時、3 社からスカウトされたこ
とがあります。「なにができる？」なんて質問ではありま
せんでした。「あなたは○○ができると思います。ご関心
はありませんか？」とかなり突っ込んだリサーチをしたう
えで臨んでいることがわかりました。

　ヘッドハンティングの世界（**field**）は外資系がいまでも
多いようです。面白いことに同じ人物がぐるぐるあちこち
の企業を渡り歩いているんです。私から言わせれば、ヘッ
ドハンターのサボタージュ以外のなにものでもありませ
ん。

　二度あることは三度ある。二度やる人は三度やる。ルー
キーを探すより、「そろそろ移りませんか？」と誘うほう
がはるかに簡単ですから。

　会社再建での転職のストレスは大変。人相も悪くなりま
すし、その後も転職しなければ契約条件だって改善されま
せん。自然と転職を繰り返します。一社 5 年が賞味期限
では？　と思わずにはいられません。

　仕事柄、大手外資経営者のプロデュースが少なくあり
ません。おそらくわが業界では私がいちばん手掛けている
はずです。

　外資系経営者業界のドン曰く……。

「みな、人相悪いだろ？　なぜかわかる？」

「鉄砲の弾が後ろから飛んでくるからだよ」

「敵は内部にあり」

「ないことないこと米国本社に報告するヤツもいるしね」

「まわりは敵ばかり」

「だからみな早くリタイアしたがる。辞めた途端人相が良くなる」

　健康に良くありません。まさしく企業戦士。リタイアしてはじめて休息を得られます。現役時代は24時間闘ってましたからね。

　「あなたはいったいどんな仕事ができるんですか？」「どんな能力があるの？」

　bottom とは「底」という意味ですね。ですから、野球で九回の裏表というときの裏が **bottom** です（表は **top** といいます）。

　そういえば、昔、ベルボトム（**bellbottoms**）というズボンが流行りましたよね。ラッパズボン。**bell** は鐘とかラッパの口という意味ですから、まさしくラッパのように下に行けば行くほど広がってます。いまでもファッション好きには着ている人もいるようですが、私からするとよくあんな奇妙なの着てたね、という感じです。流行というのは怖いというか滑稽ですね。

The stock price hit bottom.

株価は底値を打った。

....

bottom price といえば「底値」のことです。

bottom とは「底」という意味です。コップの底を逆さにすればこぼれてしまいます。こぼれないようにするには飲み干さなければ。

Bottoms up!
乾杯！

そこで「乾杯」となるわけです。

Here's looking at you, kid!
君の瞳に乾杯。

映画『カサブランカ』(1942 年米国公開、マイケル・カーティス監督) の有名なセリフ。

直訳だと、「きみを見ながら（神様が見ながらでしょうか）乾杯」かな……。

舞台は北アフリカモロッコ（当時フランス領）のカサブランカ（スペイン語で白い家）。

酒場「リックの店」の主人（ボギーことハンフリー・ボガート）はかつて、レジスタンスのために亡命の手引きをしていた陰のある男。つまり、ニヒルな男。

"As time goes by" のピアノがアクセント。「それは演奏

しちゃいけない」とピアニストを窘めるリックに客からリクエスト……見てビックリ。なんと昔の恋人イルザ（これがイングリッド・バーグマン！）。

いまは対ナチス抵抗運動リーダーの妻。ナチスドイツの侵略から米国に亡命したいカップル。第二次世界大戦前にさっさとナチスに降伏したヴィシー政権の通行証はリックに銃口を向けてでも奪いたいお宝。けど、撃てない。

リックは女と二度と別れたくない。さて、どうなるか？ここから先は野暮。

たしかに映画翻訳史に残る「名訳」ですよ。翻訳家の高瀬鎮夫さんらしいですね。映画『ジョルスン物語』でも名訳があります。

You ain't heard nothin' yet.
あなたはまだ何も聞いちゃいないぜ。

これはこれでいいと思います。けど、高瀬さんはもうひとひねりふたひねり。で、「お楽しみはこれからだ」だもん。そりゃ歴史に残りますよ。私も翻訳本を３冊ほど手掛けてますが足元にも及びません。そのセンスに脱帽です。

Sence talks.

『カサブランカ』は、二重三重に傑作です。わが国でも石原裕次郎・浅丘ルリ子主演『夜霧よ今夜も有難う』（1967 年・日活）で日本版カサブランカが封切られています。こちらはこちらでなかなかのもの。

33 His (Her) line is busy.

話し中ですね。

lineの意味に「ライン＝線、回線、通信網」があります。でも、いまやアプリのLINE。人とつながるツールですが、私はやってません。個人情報をかなりデリケートに考えてますから。

でも、入院中の方とかが「つながっている」ということに安心感を覚えるのはたしか。

そうそう、入院患者さんにとってテレビはベストフレンド。大切なのはシリアスでないこと。「お笑い番組」がいかに大切か痛感します。病気のことが出てこない。ドラマとかでは「死」が安易に登場しすぎではないか、と私は感じてなりません。

Hold the line, please.
そのまま切らずにお待ちください。

lineには「線、商売、職業、家系」という意味もあります。**sideline**なら「副業、アルバイト」、**a dotted line**は「点線」、**in a direct line**は「直系で」。**off line**「休止中」の反対語は、**on line**で「稼働中」。**line-up**は「整列、顔ぶれ」とこれもすっかり日本語になっています。

That's my line.
こっちのセリフだ！

He has a core competency.

どんなことがあっても生きていける。

competency（コンピテンシー）という単語が注目されています。いまいちばん大切なビジネス用語だと思います。

competition の形容詞は competitive と competent と２つあります。まったく意味が違うからややこしい。

competitive は「競争的な、競争好きな、競合できる」という意味。対して、competent は「有能な、適任の、十分資格がある」という意味。ですから、competent secretary といえば、「有能な秘書」のことです。

大切なのは competency です。これは業界で凄いとか社内でいちばんとかいうレベルではありません。どこの世界でも生きていける、なにをやっても食べていける、という意味なんですね。

マンション売らせても業界一、学習教材を売らせてもあっという間にトップ。なにをやらせてもセールスならいちばん。

あまりに凄いので勧められて独立。ところが、会社を作って数年後に倒産。

なぜか？　社員が働かないから。社長が凄いのでみな頼り切っちゃう。気づいたら、社員のために働いてた。これでは倒産するのも当たり前。

基本の基本に戻り、いまはトップセールスとして驀進中。この competency は凄い。

competency には「働かなくても楽に暮らしていけるだけの財力」という意味まであwasますけど、こういう人もたくさんいます。ああ、羨ましい。

He looks management material.

経営ができそうだね。

．．．

material とは「素材、材料」のことです。**human material** とは、ずばり「人材」のこと。

素材ですからどのようにでも活かせる人材もあれば、いつも期待を軽く超える人財もいますし、箸にも棒にも掛からない人罪もいるでしょうし、ただそこにいるだけの人在もいると思います。

人材とはまさしく材料です。経営者としてうってつけの人材、セールスをさせたら天下一品、歌を歌わせたら世界一……適性というのは人の力を全開させるものです。時と処、それに適性。それが人を人材にさせる条件だと思います。

当選回数が多いと自然に大臣になれると思っている政治家に、本人の適性を無視して派閥の理論で大臣ポストをあてがう。当人にとっても、また国にとっても百害あって一利無し。選挙には、出たい人より出したい人……とは言うけれども。

He's great at swimming. He's Olympic material.
なんと泳ぎがうまいんだ。オリンピックレベルだね。

I'll manage the expense.
費用のことはなんとかしよう。

manage は「なんとかする」という意味です。**management** は「いざというとき、なんとかすること」が語源です。

I'm managing.
なんとかやってるよ。

manager と **leader** は違います。**manager** は「いまの仕事、いまの人材、いまの商圏、いまの店舗、いまの予算、いまの商品等々で『なんとか』売上と利益を上げようとする人」のことを指します。**leader** は、「**lead** する人＝率先垂範」。「部下や従業員を導く」という意味があります。

日本語で言ってしまえばなんでも「上司」。英語は業務が細分化されていますから、**coach**（指導者）と **mentor**（良き師）、**instructor**（講師）も違いますし、**director**（制作責任者）、**motivator**（やる気にさせるのがうまい人）もそれぞれ要求されるもの（＝機能）が異なるのです。

なんでもすべて要求されるわが国の「上司」はつらいものです。一方で、官僚の用意した原稿をただ読むだけの **reader** も少なくありません。

36 An idea hit me.

いい考えが浮かんだ。

hit は「打つ、殴る、命中させる、(魚が) 餌にかかる」。

You hit the right nail on the head.
図星だよ。

I made a big hit in business.
事業でひと山当てた (make a hit は「成功をおさめる」の意)。

(スイッチを) 押すのも hit です。

Hit the lights.
電気をつけてよ。

hit the brakes は「ブレーキを踏む」、hit the gas は「アクセルを踏む」(EV だと通用しなくなる?)、hit the horn は「クラクションを鳴らす」、となります。

The old man hit the gas instead of the brake.again.
また年配者がブレーキとアクセルを間違えた。

Hit me up when you get there.
向こうに着いたら連絡しろよ。

70

I'm gonna hit 70 next year.

来年 70 歳になります。

㊲ Long story short, 早い話が……。

　結論を言うときの定番表現ですね。「長い話を短くすれば」、つまり「早い話が……」というわけです。

　これ、松下幸之助さんの常套句でした。「早く言えば」というのがあの人の口癖でしたから。せっかちだということがわかります。

　けど、できるビジネスパースンは少なからずせっかちなところがあります。のんびり屋はあまり見たことがありません。

　ということは、できる彼らと仕事するときのコツは「結論から言う」ということです。私はいつもスリーポイントで報告するようにしていましたし、独立して、コンサル業等も手掛けるようになりましたけど、やはり結論一行、理由三カ条。もちろん、口頭がほとんどですが、スタイル・要領は同じです。

The point is,
要するに……。

In conclusion,
結論は……。

　プレゼンのコツは **contrast** だと思います。いいことばかりのオンパレードでは「ホントかな？」「うますぎるぞ」と警戒されて当然。だからあえてのダメ入れ。これがいい

塩梅になります。

「**On the down side** ＝悲観的に見れば」はディベート表現の定番でもあります。たいてい、このあとに「**on the up side** ＝楽観的に見れば」が続きます。この **contrast** が話の流れをわかりやすく明解にします。

もちろんプレゼンの鍵は結論をどう〆るか。これがキモ。終わり良ければすべて良し。

We are coming to the end of today's presentation.
そろそろ本日のプレゼンも終盤です。

Let me summarize the points of my presentation.
ポイントをまとめましょう。

In conclusion,
結論は……。

That's all I have to say about.
お伝えすべきことは以上です。

Thank you for listening.
ご清聴ありがとうございました。

If anyone has any questions, please ask me.
質問がございましたら遠慮なくどうぞ。

㊳ What's the story?　どういうこと？

story は「話、談話、身の上話、物語、いきさつ、新聞種、階層」などの意味です。

The building has twenty stories.
そのビルは 20 階建てです。

中世の建物の外壁には **story** が階ごとに描いてありました。それが理由らしいですね。

識字率が低い国や地域では、伝達手段は文字よりも絵画や音楽あるいは彫刻です。キリスト教布教にしても『聖書』は修道士しか読めません。大衆は彼らの説教を聞くだけです。

a twenty-story building といえば、「20 階建てのビル」ということ。

教会でも壁に彫刻を彫ったり、取りつけたり、ステンドグラスで物語を紡ぎました。わが国の教会の多くにもたくさん残っています。階ごとに **story** が描かれているのです。**story** の数が階数を示したのです。

You're a good storyteller.
あなたの嘘はみごとだよ。

It's the same old story.

よくある話です。

39 Same here, please.

同じのをください。

レストランでよく使います。他人が食べているとどうも美味しそうに見えてしまいます。

Can I have the same one please?
同じのをよろしく。

My opinion is much the same as yours.
あなたの意見とだいたい同じです。

We're all in the same boat.
私たちは一蓮托生です。

つまり、「同じ船に乗っている＝運命共同体だ」の意。
same は「同じ」の意。たとえば Happy new year! と言われたとき、**Same to you!** と返します。同じものをあなたに……ということです。

It's the same old story.
よくある話ですよ。

It was nice seeing you again.
再会できてよかった。

Same here.

こちらこそ。

Same here. が **Me,too.** より便利なのは否定文にも使えるところでしょうか。**Me neither.** と言わなくてもいい（別に言いたければどうぞ）。

I don't like him.

あいつのことは好きじゃない。

Me, neither. ／ **Same here.**

私もです。

at the same time は「同時に」ですが、「にもかかわらず」という意味もあります。**nevertheless** に似てますね。少し注意。

I have to work today, at the same time I'll play golf.

仕事しなくちゃいけないけどゴルフだな。

㊵ He has dementia. 彼は認知症です。

　「認知症」という日本語ほど、不思議で不正確なものは
ない、と思います。

　認知できるのにどうして「病気」なのでしょう？　「認
知不能症」とか「不認知症」が正しい表現であり病名では
ないかと思うのです。

　ところで、「症」と「病」の違いをご存じでしょうか。
Alzheimer's disease といえば、アルツハイマー病です。こ
れもまた認知症の一つとされています。しかし、「病名」
がついています。

　「病」とは病名の原因が特定されているものです。「症」
とは原因不明。しかし病名もどきをつけないと困るので、
なんとなくそういう類の症状が出ている、として命名され
たもの。こういう分類ができます。

　dementia は「嘘、偽り」。**dementia** の **de** は否定を意味
する接頭辞。**mentia** は **memory**、**mental** 等でお気づきの
ように「心」「記憶」「理性」。もともとのルーツはラテン
語の **demens**「狂気」から派生したようですね。

　同様に、**infertility treatment**「不妊治療」もわけがわか
りません。妊娠させないように治療する、という意味では
ないでしょう。妊娠できるようにしたい、さあ、どうす
るか、という文脈のはずでは？　ならば、「不妊改善治療」
「不妊解決治療」が正しいのではないか、と思います。

We are getting infertility treatment.

不妊治療を受けています。

「妊活」は **pregnancy**。

We are trying to get pregnant.
ただいま妊活中です。

接頭辞の **in** は否定の接頭辞（**im** も同じ。**impossible** は **possible** の否定形）です。**infertility** は **fertility**「豊か、豊穣、肥沃、生産能力」の否定語です。

fertility rate といえば出生率。ここ数年、低下する一方で、わが国の喫緊の課題。人口統計のモノサシの「合計特殊出生率 **total fertility rate**」は、15 〜 49 歳の既婚未婚問わず、「全女性」の年齢別出生率を合計したものです。

LGBTQ（**Lesbian**、**Gay**、**Bisexual**、**Transgender**、**Queer**）の意識が高まっている現在、この統計自体、いままでどおりの分類では難しくなっていくのでは。

There's something queer going on.
何か奇妙なことが起こっている。

わが国の LGBT の割合は人口比 7.6％だそうです。13人に 1 人。Q を入れたらどうなるか、まだ統計はありません。

複数形になると意味が変わる英単語

☐ air	空気	☐ airs	態度、雰囲気
☐ hand	手	☐ hands	所有、世話
☐ work	働く	☐ works	工場
☐ power	力	☐ powers	体力、精神力
☐ force	力	☐ forces	軍隊
☐ time	時	☐ times	時代
☐ paper	紙	☐ papers	新聞、書類
☐ odd	奇妙な、奇数の	☐ odds	可能性、掛け率
☐ manner	方法	☐ manners	礼儀作法
☐ minute	分、細かい	☐ minutes	議事録
☐ letter	手紙	☐ letters	文学
☐ color	色	☐ colors	国旗
☐ fruit	フルーツ	☐ fruits	成果
☐ day	日	☐ days	時代
☐ eye	目	☐ eyes	眼力、鑑識力
☐ good	良い	☐ goods	品物

☐ No ifs, ands or buts.　でもも、しかしもない。

だれもが知っているけど、意外な意味の英単語

- [ ] ball 　　　　　　　舞踏会
- [ ] fine 　　　　　　　罰金
- [ ] lotto 　　　　　　くじ、くじ引き
- [ ] love 　　　　　　　0点
- [ ] chicken 　　　　　臆病者
- [ ] eat 　　　　　　　悩む
- [ ] trip 　　　　　　　へま、麻薬などでトリップすること
- [ ] claim 　　　　　　権利を主張する（クレームの意味はない）
- [ ] complain 　　　　クレーム
- [ ] smart 　　　　　　頭のよい、賢い、機知にとんだ
- [ ] season 　　　　　味付けする、調味する
- [ ] fit 　　　　　　　発作、ひきつけ、けいれん
- [ ] book 　　　　　　予約する、規則、帳簿
- [ ] baby 　　　　　　厄介な問題児、厄介なこと
- [ ] story 　　　　　　身の上話 、新聞種、階
- [ ] second 　　　　　援助する、支持する
- [ ] page 　　　　　　（ホテルやデパートなどで）

　　　　　　　　　　　　人を呼び出すこと

㊷ Now let's wrap up meeting.

さあ議論をまとめよう。

wrap は「包む」。ラップフィルム、ラッピングのラップ
です。wrap up は「(商談、仕事など) をうまく包む＝ま
とめる」となります。

He could not wrap up dealings as he'd wanted.
思ったように取引をまとめられなかった。

That's a wrap.
お疲れ様！

㊸ It's a nice problem.

それは微妙な問題だ。

．．．

　nice は「すばらしい」というだけでなく、「かなり注意を要する、繊細な、微妙な、気難しい」という意味もあります。

What a nice weather today!
なんていい天気だ。

My boss is much too nice in the work.
ボスは仕事にうるさい。

problem は「問題」。

That's your problem.
きみの問題だよ。

Are there any problems ?
なにか問題ある？

　私がよく使うのは **No problem.** でしょうか。ブログでもノープロと略してしょっちゅう出てきます。ドンマイという意味で使ってます。**No trouble!** という感覚ですね。

44 # Good luck, and good night.

グッラック！　そしてグッナイッ！

このセリフ、一世を風靡したニュースキャスター、エド・マローが番組のクロージングで使っていた決め文句です。JFK、マリリン・モンロー、アインシュタインが愛してやまなかった人物でした。

さすがにリアルタイムでは拝見していませんけど、映画（2005年米国公開）で勉強。タイトルもまさに『Good Night, and Good Luck』。監督・主演はジョージ・クルーニー。

1954年、100万人の視聴者がニュースキャスターに未来を託しました。全米はマッカーシー上院議員による赤狩り旋風吹きすさぶ時代。報復を恐れるメディアはいつもの自主規制。あの頃から権力に忖度する「報道しない自由」を選択してたわけです。

全米に自由を取り戻したのはエド・マロー。そして彼と一緒に闘った記者たち。

クルーニー自身、父親がニュースキャスターだっただけに、現状の政治にモノ申す、という意気込みで制作したような気がします。

形容詞 **lucky** の名詞形が **luck**。

Good luck.
幸運を祈るよ。頑張って。（略さなければ、**I wish good luck to you.**）

Good luck on your exam.

試験うまくいくといいね。

I've had no luck getting a job.

なかなか仕事が決まらなかった。

I have no luck with Lotto.

くじ運が悪いかも。

I have no luck with men.

男運が悪い。

I have no luck with women.

女運が悪い。

Good luck to myself.

頑張れ、自分！

　この世でいちばん強い人は……自分を励ませる人です。他人を励ますことなんざ、だれにだってできます。なかなかできないのは自分自身を励まし続けること。心が折れそうなときも、頑張れ、自分！と支え続けられるかどうか。

　♪もう私は孤独ではない　孤独　おまえという友達がいるから♪と謳いあげたジョルジュ・ムスタキのように……。

㊺ Are seats available?

空席ありますか？

ホテルからレストラン、マクドナルドまで、しょっちゅう使っていますね。**available** は、かなり応用が利く単語といってもいいのでは？

Is there a table available?
席は空いていますか？

Credit cards available?
カード使えます？

Is there a room available（for tonight）?
（今夜）部屋、空いてる？

まあ、たいていはこんな感じ？

I'm not available.
ちょっと手が離せません。

When will you be available?
いつなら空いてるの？

㊻ Did you book the ticket?

チケット予約した？

ダブルブッキングの **book** ですね。予約すると **book** に記帳することからきています。簿記も **booking** が語源です。

I wanna book rooms.
部屋を予約したいんだけど。

I booked a seat.
席を予約しました。

He was booked as guest speaker.
ゲスト講師として予定されていた。

小文字の **book** は「本」のことですが、**Book** と大文字になると「聖書」、**the book** は「会計簿」です。
book learning は「机上の学問」。

He is cooking the books.
彼は帳簿を改ざんしている。

㊼ I'm a stranger here.

このあたりは初めて。

....

stranger は「奇妙な人、知らない人、他人、部外者、第三者」という意味から「ここは知らない」となります。

フランク・シナトラの大ヒット曲に「夜のストレンジャー」（Strangers in the Night）があります。ある夜、遭遇した 2 人の男女。お互い見ず知らず。だから strangers。

perfect stranger といえば「赤の他人」。「赤の」というと red かと思いきや、そう単純なものではありません。福沢諭吉が訳したとか。

perfect もいまや日本語。ボウリングの perfect game の 300 点も perfect。

She must be a stranger to this shop.
彼女はこの店はお初に違いない。

She is no stranger to overwork.
彼女はいつも働きすぎだ。

You are quite a stranger.
最近お目にかかりませんね。

Hello stranger.
久しぶりだね（stranger ＝しばらく会っていない人）。

Don't be such a stranger.
ちょくちょく遊びに来なさい。

strange to say といえば「不思議なことに」という意味です。

Truth is stranger than fiction.
事実は小説より奇なり（strange の比較級）。

ところで、シナトラの歌物語では2人は恋に落ちます。好きになっていると気づく以前に、すでに無意識に恋に落ちているのです。芸人のネタにあるように、**Yes, fall in love!** です。気づいたらもはや好きになっていた。これこそ恋なのかもしれません。

I fell in love with you at first sight.
一目ぼれでした。

I'm at a loss to fall for the wrong guys.
ダメンズ好きで困ってます。

I'm afraid he is falling out of love with me.
彼の気持ちが離れていってるみたい。

Maybe next time. また今度ね。

　実は体のいい断り文句です。「たぶん」「おそらく」「きっと」……未来表現はいろいろあります。

　たぶん無理、きっと無理、絶対無理……可能性ゼロから100まで表現はさまざま。**maybe**、**perhaps** はほとんど **no** に近く、**probably** はほぼ **yes** に近くなります。

　あからさまに **no** といってしまえば角が立つ？　いつも **no** ばかりでは人間関係がぎくしゃくしちゃう？　それなら「やだね」と言わず、**maybe** でごまかしてしまいましょう。

Maybe yes, maybe no.
そうかもしれないし、そうでないかもしれない。

Yes and no.
どちらとも言えないよ。

It depends.
場合によりますね。

　転職する最大理由は「人間関係」とか。人間関係に疲れ果ててしまう。人間性を取り戻すには転職するしかない？でも、どこに行こうと嫌な人間はいるものです。その都度、転職を続けても埒が明かないと思います。そんなに嫌なら山にこもって世捨て人になるか？

　そんなストレスをリモートワーク社会は蹴散らしてくれました。

　顔を合わせないで済む。直接対決しない。かわす、ずらす、避ける。「かわしてよける」という英語は **dodge** といいます。ドッヂボールの **dodge** です。「言い訳」とか「ごまかし」という意味もあります。

He used to dodge a bullet.

彼はいつも危機一髪を逃れた。

㊾ It's nothing.

なんでもないです。大丈夫です。

Are you OK?
大丈夫？

Do you need help?
手伝おうか？

It's nothing. Don't worry.
心配無用。

It's nothing for me.
なんでもないよ。

nothing はなにもない、という意味です。オール・オア・ナッシング（**all or nothing**）は日本語です。ゼロか100か、一か八か。

　手伝ってもらって「ありがとう」と礼を言うと、**It's nothing.** と返ってくるかもしれません。「どういたしまして」という意味で、**You're welcome.**、**No problem.**、**No worries.** と同じニュアンスです。

I have nothing to do with the trouble.
そのトラブルとは関係ありません。

Nothing good happens.
ろくなことが起こらない。

Thank you for nothing.
余計なお世話！

nothing but ○○は「○○以外なにもない」ということから、「○○にほかならない」とか「○○しかない」「○○にすぎない」となります。only ということです。

It is nothing but an excuse.
それは口実にすぎない。

I got nothing but love.
手に入れたのはただ愛だけだった。

⑤⓪ That's really something.

ホントに大したもんだね。

··

something to drink の something ですが、はっきり言わなくとも、きちんと相手が理解する「何か」だから「大したもの」「大した人」ということになるのでしょう。

something とか nothing は曲者です。要注意英単語の一つです。普通に見えていろいろな意味になりうるからです。

He thinks himself something.
彼は自分をなにか偉い人と勘違いしている。

He made something of himself.
成功を手に入れた。

Have you been to Japan for the business or something ?
来日は仕事か何かで？

Nobody helps me.
だれも手伝ってくれない。

They think he is nobody, but he is somebody.
歯牙にもかけない人だと思ってるけど、実は彼は凄い人なんだよ。

「ほらほら、あの人よ、あの人」なんて会話をすることがありますよね。**somebody** にもそんな意味があります。

51 It's for you. 電話だよ。

シチュエーション次第ですが、きみのためだよ、という意味も。歌の文句にも、別れることは辛いけど、しかたがないんだ、きみのため……とあるように。

It's for you, not for myself.
私ではなく、きみのためなんだよ。

It's on me.
私のおごりです（私に全部乗っけてください、ですから）。

It's up to you.
きみに任せる！

52 It's up to you. それはきみ次第です。

「きみに任せる」という意味もありますが、任せられたのですから結果は「きみ次第」というわけです。「きみ次第。判断はきみにお任せします」ということです。

You're up to something.

なにかたくらんでるな。

What are you up to this weekend?

週末はなにをするの？

53 **It depends.** ことと次第によります。

depend は「頼みにする、当てにする、依存する、未決になっている（解決していない）」という意味です。**That depends.** も同じ意味になります。

The matter is still depending.
その件は未解決です。

Depends on what?
どういうこと？（理由を言いなさい、と迫るときに使います）

independent は depend に否定の接頭辞がついて「非依存＝独立」となります。

1776 年 7 月 4 日は米国独立記念日 **Independence Day** で祝日。英国の植民地から解放された、宗主国に依存する関係が切れた、だから独立ということです。

米国は独立してからも旧宗主国に付け狙われ、何度も戦争を仕掛けられています。英語圏では **War of 1812**（1812年戦争）として教科書にも載っています。

いまでも世界中の旧植民地への関与に余念がない英国ですから、植民地獲得競争に熱心な当時の大英帝国が、解放独立したばかりの米国への関与を諦めるはずがありません。

米国にしても、住人の主流はヨーロッパから渡ってきた

入植者ばかり。領土を広げようとすれば、奪おうとする土地はすべてもともと住んでいたネイティブアメリカンのもの。つまり、米英が奪い合う土地は古くからそこで生活していたインディアンの住処でした。インディアンたちは部族にかかわらず米英と戦います。

いまや放送禁止となった西部劇は「正義の味方白人 VS ならず者インディアン」による戦い、いつも正しい白人による勧善懲悪劇として描かれています。勝てば官軍。歴史はいつも勝者に都合のいい文脈で紡がれていくものです。

英国はナポレオン戦争にかかり切りだったので、日露戦争では日本に全面協力。英国の中国利権を脅かすロシアとの代理戦争をわが国は強要されたわけです。さすがに7つの海を支配する英国パワーは強大でアルゼンチンが契約した軍艦を英国グラスゴーで最終点検するとそのまま日本に運んでしまうのです。おかげで連合艦隊はロシア艦隊を殲滅することができました。

また、戦費のほとんどを購入したのは米国ユダヤ人ジェイコブ・シフ。高橋是清はロスチャイルドに国債を引き受けてもらおうとロンドンに来たものの、彼はロシアに投資していたのでジェイコブ・シフを紹介したわけです。ユダヤ人シンジケートにしてみれば、ロシアと日本のどちらが勝とうが敗けようがノープロブレム。勝っても敗けても取りっぱぐれのない投資でした。

日露戦争の仲介は米大統領セオドア・ルーズベルト。彼は日露どちらにも得の無いように采配。なぜなら、米国が狙っていたのは中国利権だからです。

米国史を振り返ると、いかに中国利権を狙い続けてきた
かがわかります。そのルーツは日露戦争から始まり、大東
亜戦争、朝鮮戦争、安保改定をめぐる岸信介失脚、ロッ
キード事件による田中角栄失脚……いまにいたるも中国利
権が日米対立の真因になっています。

　第二次世界大戦で、不戦法の米国の民意を一変させるた
めに、フランクリン・ルーズベルトは日本暴発を仕掛けま
した。英国首相ウインストン・チャーチルの矢の催促を無
視。すべての資産を米国に差し出してから、真珠湾攻撃を
工作しています。狙っていたのは英国の持つ中国利権でし
た。

🟡54 **After you, please.** お先にどうぞ。

....

　エレベーターなど、出入口でよく見られるシーンですね。**I will go after you.** あなたの後に行きます、の略。**Go ahead.** も同じ意味です。

　熱湯風呂を前にした３人。

After you,please.
どうぞ。
No,after you.
どうぞどうぞ。
I insist, after you.
いやいやどうぞどうぞ。
Don't push me!
押すなよ、押すなよ。

After you. の応酬爆笑ネタで一世を風靡。

It was very hilarious to watch them.
めちゃウケるー。

　昼過ぎだから **afternoon**。明日の翌日だから明後日は **the day after tomorrow**。
　after には「○○にちなんで」、という意味もあります。

He'll name his son after his father.

父親にちなんで息子を名付けるでしょう。

55 Give me a break.

ちょっと休憩（かんべんして！　ざけんな！）

　break は、力を加えて物を瞬間的にばらばらにしてしまうことで、「こわす、割る、折る、ちぎる」の意。

　heartbreak hotel といえばエルヴィス・プレスリー（**Elvis Presley**）の大ヒット曲。1956 年リリースのシングル。RCA レコード移籍第一弾で初のビルボード・チャート 1 位となりました。「心が折れる」という意味ですね。事実、詩は自殺した人の遺書をベースに書かれています。

　breakfast は「断食（**fast**）を止める」から朝食という意味になります。**break** には、続けてきたものを止めるという意味があります。

　飽食の時代といわれていますが、全世界を見渡すとそうではありません。飽食の時代といえるのは先進国の一部のみ。しかし、中所得国でもブラジルのような国はいくらでも食があります。職はなくとも食が豊富。アマゾンではアナコンダを発見すると子供たちが追いかける。調理して食べてしまいます。怖いのは人間。おそらくアフリカでもそうなのでしょう。

　若い頃、ブラジルに数カ月いたことがあります。「日本は産業大国だけど、わが国は生活大国だよ」とブラジル 2 位の大豆農家オーナーがそう語っていました。彼の農場視察はセスナ機。それでも見わたせない広さ。向こうでは雷。こちらは快晴。

飽食と健康は比例しません。反比例します。断食は昔から続けています。以前は1週間単位でしたがいまは週末断食のほうが相性がいいようです。

　美味しいモノを少しずつ。健康には、これがベスト。小食気味のシニアのほうが健康的な生活リズムを刻めるのではないでしょうか。

It's time for a lunch break.

（仕事を中断して）昼休みだ。

We break for coffee at 9:00 every morning.

毎朝9時に（仕事を中断して）コーヒー休憩。

56 He is my right hand.

彼は私の右腕です。

right hand は、He's reliable. ということ。「頼りになる」という意味です。

では、left hand は？ こちらは普通は「左手」ですが、ここでは「不器用」ということになります。

He is his left hand.
不器用なんですよ。

「左遷」という言葉があります。左にうつされる＝降格される。ということは、右が上位？

それは中国での話。わが国では左上位、右下位です。大宰府に左遷された菅原道真は右大臣、権力者藤原時平は左大臣でした。

道真が雷神になり、恐ろしい稲妻が清涼殿に落ちかかろうとするとき、時平が太刀を抜き放って、「存命中も私の次位（右大臣）であられた。今日、神になっていらっしゃるとしても、この世では私に遠慮なさるべきだ。そうでなければすまされない」（『大鏡』）と述べています。

郷に入れば郷に、の通り、英語の文化圏を含め海外では圧倒的に右上位。

left-handed scissors は左手用はさみです。

「サウスポー（**southpaw**）」は野球とかボクシング、ボウリングでのみ使われています。

⑤⑦ I'll call you first thing tomorrow morning.

明日朝一番に電話します。

....

　朝一番。よく使います。しかし、いまだにわからないのが、はたして朝一番とは何時なのか？　アナログ的な曖昧な表現なので時間認識に幅があります。

　朝6時なのか？　よっぽどでなければだれも出勤していません。朝9時なのか？　デパートは開いていません。

　けど、この曖昧さが便利なのでしょう。きっちりと時間を指定されているわけではないから、余裕があります。5分遅れてる、20分遅れてる、許さないぞ、というシビアさが消えてしまいます。

　私は現役の営業マン時代（いまでも営業マンだと思っていますが）、「朝9時6分に伺います」というように、きりの悪い時間をわざと指定しました。「ホントにその時間に来るのか」と思わせたいのと、「きりがわるいからかえって記憶に残る」という仕掛けです。

　セールスという仕事は実際のところどれだけ取引先にかわいがってもらえるかだと思います。相手に自分の印象を残し、少しでも気にかけてもらうための仕掛けなのです。

first thing とは「最初にすること」。

First thing first.

やるべきことをやってから。

　仕事でも人生でも大切なことは **priority** を間違えないことにあると思います。優先順位。これが大切ですね。

　私は、いちばん優先すべきは家族と思っています。これを蔑ろにしてほかを優先すると間違いが起こります。しかし、えてしてやってしまいがちなのも事実。家族だからわかってもらえる、という甘え。そうそう許してもらえる許容度の高い家族ばかりとは限りません。

　そこが怖いですね。

58 **Welcome trouble.**

ようこそトラブル！

trouble は「やっかいごと、トラブル、問題、骨折り、苦心」という意味。

「経営者の仕事は心配ごとを一手に引き受けること」と達観していたのは松下幸之助さんです。心配したくなければ辞めたらええ、と。この心配あればこそ自分が社長をしてるんだと喜べ、と。

トラブルに嫌悪感、忌避感をもって戦々恐々とならない。トラブルを求めて飛び込んでしまう。これがトラブルを避ける妙薬だと喝破したのは良寛でした。

Don't trouble, thank you.
どうぞおかまいなく。

I'm in chest trouble.
胸の病気を患っています。

What is troubling you?
なんで悩んでるの？

My son's a trouble to me.
頭痛の種は息子です。

仕事がら、一代で上場企業をつくった創業者に話を聞く機会が少なくありません。

話を聞いていると、「この前、だれかも同じことを言ってたな」と気づかされることが何度もあります。きっと成功者に共通するキーワードがあるのでしょう。

「苦労はしませんでした。苦心はたくさんしましたけど」

上に立つ人のところにはいい情報などあまり来ません。どちらかというとその逆ばかり。「納入価格をまけろ」「クレーム発生」のような聞きたくない話ばかり。

しかし、こういうトラブルこそ創業経営者の腕の見せ所。次々とトラブルが起こるのは慣れっこ。たいていのトラブルには驚かない。どころか、大なり小なりトラブルが付き物。トラブル無しに淡々と進むほうが異常……と思っていますから、しばらくトラブルを聞かないとかえって心配になってくるものです。

Welcome trouble.

ようこそトラブル！

トラブルがないのは怖いです。というのも、トラブルがないのではなく、トラブルに気づいていない証拠。最悪はトラブル隠し。表面化したときには致命傷に発展してしまいます。

Please be careful of heat strike.

熱中症に気をつけて。

strike は「ストライク、ストライキ、叩く、打つ、撃つ、攻撃する、マッチを擦る」など幅広い意味があります。

struck out といえば「(野球の) 三振」のこと。strike coins といえば「貨幣を鋳造する」。コロナよりはるかに怖い熱中症は heat strike といいます。

Strike a flag.
降伏せよ。

Strike a light, please.
火をつけてください。

A terrible idea suddenly struck me.
恐ろしい考えが突然浮かんだ。

「打つ」というときは、心を打つこともありますし、地面を打つこともあります。また strike には「襲う」という意味もあります。

The clock struck six.
時計が 6 時をつげた。

We were struck by his words.

私たちは彼の言葉に心打たれた。

A major earthquake struck the East Japan.

大地震が東日本を襲った。

strike のイメージするところを想像すると理解しやすいのでは？

60 You have my word.

間違いない、約束する。

ワープロソフトの Word が有名かも。**word** は「言葉、単語、話、談話、口論、知らせ、便り、消息」という意味があります。

big words は「大言壮語・大風呂敷」、**hard words** は「ひどい言葉（罵りの文句など）」。**a man of many（few）words** は「おしゃべりな（無口）な人」、**a man of his word** は「約束を守る男」。

間違いないという意味の表現は、**I give you my word for it.** とか **Take my word for it.** もありですね。

beyond discription「筆舌に尽くせない（ほど素晴らしい）」は受験英語の定番表現ですが、もっと簡単に **beyond words** と言っても同じです。

I had words with the waiter.
ウエイターに文句を言った。

word で世界でいちばん知られているのは次のフレーズでしょう。

In the beginning was the Word, and the Word was with God, and the Word was God.

『ヨハネによる福音書』の冒頭の一節です。「はじめに言

葉ありき」「その言葉は神とともにあり」「言葉はすなわち神そのものだった」……とか。もっと真理に迫ったメッセージ訳が必要ではないかと思います。

イエス・キリストの言葉は「パンのみにて生きるにあらず。神の口から出る一つ一つの言葉で生きる」（マタイの福音書4章4節）とある通り、言葉は命そのものであることがわかります。

「神の息吹」のことをギリシャ語ではハギオン・プネウマと呼びます。日本語でいえば「氣」にあたります。中国の道教には「魂魄」という言葉があります。仏作って魂入れずの「魂」という精神を支える氣のエネルギーのこと。「魄」とは肉体を支える氣のエネルギーのことです。

私たちはこの2つのバランスが整うと元気になり、崩れるとおかしくなります。身体が元気でも精神が充実していなければ実力を発揮できません。また、精神だけが充実していても身体にエネルギーがないと実力の半分も発揮できません。「健全なる精神を健全たる肉体に宿らしめよ」といった古代ローマ詩人ユウェナリスの『風刺詩集』の一節に由来する格言にも共通する価値観です。

The food spread big through word of mouth.
その食べ物は口コミで大きく広がった。

word of mouth は口コミです。最近はSNSやブログを通じて、というケースが多いですが、それも口コミであることに変わりはありません。

　メディアの信頼性が激落ちしている今日、テレビや新聞等の **old media** よりネットのような **new media** のほうが信頼性が高いようです。これは若者の貧困化ともリンクしているような気がします。新聞代はもちろん、NHK の受信料を支払えない。結果として、無料で情報を発信しているスマホで情報はチェックするという若者が激増しています。

　私自身、紙のメディアはとっくの昔に卒業。海外メディアも含めてすべてネットです。

This product became popular through word of mouth.

この商品は口コミで人気が出ました。

I came to know the restaurant by word of mouth.

レストランは口コミで知りました。

　レストランの情報もネットの口コミで仕入れるケースが多いのではないでしょうか。ただし私は、その評価は一切あてにはしません。どんなに評価の点数が高かろうが低かろうが自分で食べて判断します。美味いまずいは個人差がありますから。

　一方、他人の評価を参考にしているのは、通販サイトの口コミです。ステマも多いですが、飲食サイトの口コミに比べて、まだコメントの信用度が高いものが多く、使い勝手の良し悪しは事前に知っておきたいので大いに役立っています。

社会関連の英単語

- [ ] the Pacific Coast Industrial belt　　太平洋ベルト地帯
- [ ] automate　　自動化する
- [ ] equipment　　設備
- [ ] industrial site　　工業用地
- [ ] air pollution　　大気汚染
- [ ] water pollution　　水質汚濁
- [ ] environmental destruction　　環境破壊
- [ ] shipping　　出荷
- [ ] merchandise　　製品
- [ ] piece work at home　　内職
- [ ] manufactured products　　工業製品
- [ ] materials　　原料
- [ ] quality check　　品質検査
- [ ] waste water treatment　　汚水処理
- [ ] agricultural products　　農産物津
- [ ] agricultural medicines　　農薬
- [ ] farm house　　農家
- [ ] paddyfield　　水田
- [ ] rice crop　　稲作
- [ ] two crops of rice　　二期作
- [ ] fishing　　漁業
- [ ] 200 nautical miles　　200 カイリ
- [ ] current　　海流
- [ ] Japan Current　　日本海流
- [ ] Kuroshio Current　　黒潮

☐ deep water catches/pelagic fishery 　　　遠洋漁業

☐ coastal fishery 　　　沿岸漁業

☐ tropics 　　　熱帯

☐ subtropics 　　　亜熱帯

☐ temperate zone 　　　温帯

☐ frigid zone 　　　寒帯

☐ cool zone 　　　冷帯

☐ dry zone 　　　乾燥帯

☐ continent 　　　大陸

☐ Atlantic Ocean 　　　大西洋

☐ Pacific Ocean 　　　太平洋

☐ Indian Ocean 　　　インド洋

☐ Red Sea 　　　紅海

☐ Mediterranean Sea 　　　地中海

☐ the tropic of Cancer 　　　北回帰線

☐ the tropic of Capricorn 　　　南回帰線

61 **I could kill for a beer.**

ビールが死ぬほど飲みたい。

....

kill は「殺す」ですね。物騒な言葉ですが意外とよく使います。どう殺すのか、なにを殺すのか、バラエティに富んでいます。

giant killing なら「大番狂わせ」です。

My feet are killing me.
足が死ぬほど痛い。

I always kill time through reading.
いつも読書で暇を潰してます。

I killed the exams.
試験をやっつけた。

That color killed the room.
あの色が部屋を台無しにした。

He killed beer only 2 seconds.
彼はビールを 2 秒で飲み干した。

「大坂本町糸屋の娘、姉は二十一、妹は二十歳、諸国大名は刀で殺す、娘二人は眼で殺す」

　今の世の中だとジェンダー問題となるような歌詞ですが、江戸時代の歌なのでお許しいただきたいと思います。

　若い人はほとんど知らないと思いますが、頼山陽が門弟に詩句の起承転結法を教えようとつくったざれ歌ですね。美人の眼力（めぢから）で男はいちころ。いまも昔も変わりません。

Fancy meeting you here.

まさかこんなところで会うなんて。

fancy は「空想、空想力」という意味です。空想的な出会いから「まさか、こんなところで」となります。

まさかと思うほどですから、「派手な、凝った、法外な、とびきりいい」という意味にもなります。simple の反対語です。a fancy restaurant は「高級店」、a fancy hotel は「高級ホテル」、a fancy house なら「豪邸」です。

Don't buy a fancy car.
高い車を買うなよ（fancy car は「高級車」）。

This shop sells fancy diamonds.
この店はとびきりのダイヤを売っています。

空想的というくらいですから根拠はありません。「なんとなく」というニュアンスです。

I have a fancy she loves me.
いけそうな気がする。

He fancied himself as a star.
彼は自分をスターと勘違いしていた。

fancy dress party は仮装パーティ。fancy ball なら仮

面舞踏会（**masked ball**）のこと。そういえば、少年隊の
ヒット曲にも同じような歌がありましたね。

63 I'm coping. なんとかやってます。

cope といっても「生協」ではありません（あれは coop = cooperative store）。

How is your new boss?
新しい上司はどう？
I'm coping.
なんとかうまくやってます。

簡単にやっていくではなく、難局を処理したり、切り抜けたりしていることを意味します。

Can you cope with that task?
それ、できる？

He couldn't cope with the trouble.
そのトラブルに歯が立たなかった。

Can Japan cope with many difficult problems?
わが国は多くの難問をうまく処理できるだろうか？

What do you say to a chat over a cup of tea?

お茶でも飲みながらしゃべろうか？

chat はいまや日本語。ネット上でのリアルタイムのやり取りのことです。SNS のおかげで chat でさまざまな国内外の情報を入手でき、たくさんの英語＝外来語もゲットできています。

chat は「雑談、おしゃべり」。What do you say to はなにか提案するときに使う決まり文句。

over はこんな使い方がホントに多いですね。over the fire なら「火にあたりながら」、over working は「仕事をしながら」。

Over the Rainbow といえば、「虹の彼方に」があまりにも有名です。1939 年の大ヒットミュージカル映画『オズの魔法使』で当時 14 歳のジュディ・ガーランドが歌ってアカデミー歌曲賞を受賞しました。毒母ともいうべきステージママに映画会社の契約の関係で、子供の頃から覚醒剤を打たれて働かされ、47 歳で神経症、薬中で若死にしました。ライザ・ミネリの実母です（父親はビンセント・ミネリ）。

彼女が劇中で演じたドロシーは「虹の彼方のどこかに（Somewhere Over The Rainbow）」よりよい場所がある、と夢見る少女でした。トルネードに襲われ気を失った後、愛犬トトや自分の家とともに魔法の国に運ばれてしまいます。

魔女の助言通りに旅していると、知恵が欲しいカカシ、心を持たないブリキ男、臆病なライオンと出会い、一緒に旅を続けます。

　そして、最後にあれほど憧れた理想の場所は……マイホームだったと知ります。

　残念ながら、生涯5回の結婚をしたジュディ自身は演じたドロシーと違って、マイホームとは最期まで縁遠い人生でした。

⑥⑤ In your dreams. まあ無理でしょうね。

dream とは「夢、白日夢、夢うつつ、理想」のこと。

「夢のなかのこと」ですから実現するかどうかはわかりません。「それは夢みたいな話だよ」というのがこの表現です。

確率は低いかもしれませんが、夢を抱いているかぎり、方向性を指し示してくれ、チャンスをとらえて現実のものにできるかもしれません。

My dream finally came true.
ついに夢をものにした。

Never give up your dream.
夢をあきらめないで。

Unexpected things will often happen.
瓢箪から駒。

なにがひもじいといって夢の無いのがいちばん辛いのさ、と終戦直後は歌われました。

いまや時間の過ぎゆくスピードが早すぎて夢を描いている暇すらないと思います。

I have a dream. はマルチン・ルーサー・キング牧師のあまりにも有名な演説テーマで、若い頃は暗記するまで何回も録音を聴いたものです。いまでも感動的です。

もともとの名前は違います。マルチン・ルター（**Martin Luther**）をインスパイアしていたと思います。ローマ・カトリック教会から分離し、プロテスタント誕生のきっかけとなる宗教改革の中心人物です。聖人マルティネスにちなんで命名されました。ルーテル教会のルーテルとはルターのことです。

66 It's not my fault.

ボクの責任（間違い・ミス）じゃないよ。

fault は、「欠点、短所、欠陥、きず、誤り、過失、失策、落ち度、責任、罪」といった意味。テニスのサーブの失敗でおなじみです。

He is always finding fault with others.
彼はいつも他人のあら探しをしている。

It's your fault.
きみの責任だよ。

責任を回避するときの表現方法はいろいろあります。

I'm a third party to the accident.
その事故には関係ありません。

third party は「第三者」。善意の第三者というあれです。

A third party made off with the profits.
漁夫の利を得た。

---

67 They are egg heads.

彼らは頭だけのヤツだ。

egg は「卵」。egg head は「卵頭＝知識人」、インテリを皮肉っぽく表現したもの。現実を直視せず机上の空論を振り回すような人物は少なくありません。

He is good at a paperwork.
彼はペーパーワークが得意だ。

paperwork は「机上の事務、事務仕事」の意。on paper なら「紙の上では」とか「理論上は」。
「事件は会議室ではなく現場で起きてるんだ！」という名セリフがありましたけど、会議では現場を知らない口先人間ばかりでイライラ。お偉いさんは現場を知らないから勝手なことばかり言うわけです。仕事は現場、現実、現物の三要素で動くもの。

They egged him on to fight.
喧嘩をけしかけた。

They egged the comedian on the president election.
彼らは喜劇役者に大統領選出馬を唆した。

役者だから芝居だけは巧い。テレビドラマで大統領を演じたように現実でも演技されては騙されるのも当然。政治

経済、金融を語るための常連英単語

....

- [ ] deficit-financing bonds　　　赤字国債
- [ ] bridge bank　　　受け皿銀行
- [ ] yen loan　　　円借款
- [ ] rising yen　　　円高
- [ ] high-yen profits　　　円高差益
- [ ] correcting the high yen　　　円高是正
- [ ] cross-shareholding　　　（株式の）持ち合い
- [ ] corporate governance　　　企業統治
- [ ] technology transfer　　　技術移転
- [ ] derivative financial instruments　　　デリバティブ
- [ ] economic sanctions　　　経済制裁
- [ ] contracted emoloyee　　　契約社員
- [ ] treasury stock　　　自社株
- [ ] niche business　　　すき間産業
- [ ] product liability　　　製造物責任
- [ ] zero interest-rate policy　　　ゼロ金利政策
- [ ] quality assurerance　　　品質保証
- [ ] e-commerce　　　電子商取引
- [ ] pention funds　　　年期基金
- [ ] seniority wage system　　　年功序列型賃金
- [ ] annual salary system　　　年俸制
- [ ] temporary employee　　　派遣社員
- [ ] window dressing　　　粉飾決算
- [ ] trade surplus　　　貿易黒字
- [ ] bluechip　　　優良株

- [ ] consolidated financial statements　　　連結財務諸表

もある意味ドラマ。政治がドラマなら、政治家は役者。振付、脚本家がいなければ一歩も動けません。だれがシナリオを作っているんでしょう？

外国で生卵を食べている人はあまり見ませんし、私も食べません。**fried**、**scrambled**、**boiled**、**poached** など卵料理はいろいろ。

How would you like your eggs?
卵はなにがお好み？

Sunny-side up please.
片面の目玉焼き。

Over please.
両面の目玉焼き。

The makers recalled the cars.

車をリコールした。

これも日本語になっていますね。「欠陥品の回収」とか「首長などの解任」のリコール。

もともと、**recall** は「思い出す」という意味。再び記憶を呼ぶわけですから「思い出す」ということ。

I cannot recall what was said then.
その時の会話を思い出せない。

He has instant recall.
彼は記憶力が抜群だ。

His mistake was beyond recall.
彼のミスは取り返しがつかない。

いまや政治家（元カリフォルニア州知事）のシュワちゃん（アーノルド・シュワルツェネッガー）主演『Total Recall』という映画では火星旅行に憧れ、recall 社という旅行記憶を販売する会社を覗いて夢の世界にトリップ。

原作は 30 分もあれば読破できる短編。**total recall** とは「完全記憶能力＝細部まではっきり記憶してしまう能力」のこと。

シュワちゃんは 2003 年に州知事選に出馬しましたが、

きっかけは州知事がリコールされたから。いざ立候補すると、現地メディアは「**Total Recall!**」とリコール騒ぎに引っ掛けて大きく報道。これで当選できたのかも。自伝のタイトルまで『Total Recall』ときた。

　人生は夢の世界。夢か現か幻か。「記憶にございません」が常套句の政治家には **total recall** は縁の無い能力のようです。

This is a good chance for you in the long run.

長い目で見ればきみにとって絶好のチャンスだ。

a long run は「長期的」。でも、ロングランといえば「長期興行」のほうが馴染みがありますね。

The musical had a long run.

そのミュージカルはロングランだった。

We have had a long run of fine weather.

いい天気が続くね。

「短期的に考えれば」なら **in the short run**。

⑦⓪ The resolution was passed unanimously.

決議は全員一致で決まった。

unanimously は「全員一致で」という受験英語の常連単語。pass は「パスする、通過する」。passport は港の通関を通れるという証明書だからパスポート。

Everybody's business is nobody's business.
共同責任は無責任。

ユダヤ人の会議は全員一致は無効とされることで知られています。意見ではなく異見が出ないのが信じられない、全員が騙されているのではないか、という歴史の知恵なんでしょう。

　一方、わが日本人は全員一致が原則。政治家の世界でも全員一致でないと認めない、という慣習がいまだにあります。たとえば、議員の辞職勧告。仲間は必ず反対しますからそもそも通りません。通るのはよっぽどのスキャンダルに限られています。

　全員一致になるまで何回も議論を繰り返す。当然、時間も手間暇もかかります。最後の最後は多数決。それが民主主義。

　民主主義とは、実は多数独裁のこと。独裁政権とは、少数独裁のこと。メディアや SNS を利用されたプロパガン

135

ダに洗脳される情報難民がこうも増えては民主主義の危機
といってもいいのでは？

⑦ I'm in the red this month.

今月は赤字だ。

赤字は **red**、黒字は **black**。

black coffee といえば砂糖・ミルク抜き。**black in the face** は「血相を変えて」、**a black heart** は「陰険」、**black lies** は「腹黒い嘘」、**go black** は「意識を失う」など、**black** のもともとの意味である黒字以外はなんだかなーという意味ばかり。基本、**black night**（漆黒の夜）に恐怖感を覚えてきた人類の歴史のなせるわざ。

　一方、**white** は「潔白、汚れを知らない、公明正大、信用のおける、善意の、無害な、慈悲深い」等々、**black** から見ればいいことばかり。意味の差別と言われてもしょうがありません。

a white winter
雪の降る冬

a white Cristmas
雪の降るクリスマス、ホワイトクリスマス

72 **He is still green.** 彼はまだ青二才だ。

青二才ではなく、英語では緑二才と呼ぶんですね。

green winter は「暖冬」です。**white Christmas** ではなく「暖冬で雪の無いクリスマス」は **a green Christmas** といいます。

green card は「外国人の労働許可証」、**green-eyed** は「嫉妬深い」、**greenroom** は「楽屋」。

He got a seat by green power.
彼は金の力で議席を射止めた。

green がどうして「金の力」なのか？

ドル札を **greenback** といいますよね。南北戦争時、リンカーンは軍備増強のために英国金融機関に借金を申し込みましたが、もともと、リンカーンの北軍と対立する南軍（南部共和国）を支援していた英国は、嫌がらせで法外の金利を要求しました。

足元を見られたリンカーンは、米国財務省証券を担保に自ら紙幣を刷ります。そのとき裏面は緑インクを使用して刷ったため **greenback**。

150年間もこの呼び名が使われていますが、最近の脱炭素・脱炭酸ガスというクリーンエネルギー政策のほうが有名になり、**green power** といえば、風力・太陽光・バイオマス・地熱などの再生可能エネルギーで発電された電力を意味するようになっています。

73 No bending. これがぎりぎりの線だ。

bend は「曲げる、屈服させる」。それが no なのですから、ぎりぎり、いっぱいいっぱい、ということ。

交渉ごとで相手からこう言われたら、「もうぎりぎりの線まで来ているんだな」と認識しておきましょう。

でも、たいていの人は、「そこをなんとか」「今回だけは」と食い下がろうとします。さすがにそれは無理。ここまで来たら、妥協してビジネスを成立させるか（**It's a deal.**）、あるいは交渉決裂するしかありません。

We will not bend to anyone and anything.
私たちはなんぴとにもなにごとにも屈しません。

74 That's new to me. それは初耳だ。

複数形になるとニュース（単数扱い）です。

newscaster は「ニュースキャスター」、**news hawk** は「新聞記者」。鵜の目鷹の目でネタを追いかけているからでしょうか。

No news is good news.
便りのないのはよい便り。

Bad news travels fast.
悪事千里を走る。

bad news にはほかにも意味があります。「いやな人間」。反対に **good news** となれば「役に立つ人」。早い話が自分に都合がいいかどうか……。

⑦⑤ This is a pretty tough case.

この一件はかなりややこしいね。

tough は「強靭な、がんこな」。

This beef is so tough. といえば、「固いね、この肉は」。柔らかければ、**tender** となります。

tough guy は「腕っぷしの強い男」。**guy** は男だけを指すと思いがちですが男女どちらも意味します。石原裕次郎のニックネームがタフガイでしたよね。

ニューフェイスの宣伝でかつて日活映画がダイヤモンドラインとして売り出す時、マイトガイ旭（小林旭）、クールガイ赤木圭一郎、ヤンチャガイ和田浩治、ダンプガイ二谷英明、ナイスガイ高橋英樹と、知恵をしぼってあれこれガイをつけましたが、結局、マイトガイだけがニックネームとして残りました。裕ちゃんのタフガイもそんなに使われなかったと思います。

私もあやかってガイを自称しています。問題ガイゆうてね。

tough は固いから簡単には歯が立たない。そこから、「難しい、困難だ」という意味が派生します。それが例文の使い方です。

This math problem is tough for me.

この数学はボクには難しい。

141

「人間が固い」となると、どうなるでしょうか。**He's a tough man.** は「彼はがんこだ、ややこしいヤツだ」。つまり、裕ちゃんはネガティブな意味にもとられかねなかったわけです。

　ついでに **pretty** といえば、映画の『Pretty Woman』で **a pretty little woman** と歌われているように「かわいい」の意ですが、**very** の意味でもよく使われます。

You're pretty busy.
かなり忙しい。

⓻⑥ We're sunk. 万事休す。

sunk は sink「沈む、倒れる、容態が悪化する」の過去分詞ですね。

If you don't pay the money , my company's sunk.
支払っていただけなければ、わが社は倒産してしまいます。

It's a matter of sink or swim.
（泳ぐか溺れるか、の意から）一か八かやってみる。

I'm having a sinking feeling.
不吉な予感がするよ。

万事休す。沈みつつある船を見ているような、あまり気分のいいものではありませんね。けど、こうなったらどん底まで落ちてみようと腹をくくることも重要です。いずれにしても何もしなければこのままでは沈んでしまいます。ならば、動くこと。いまより悪くはならない……ならば。

本業のコンサルでは、ヘタに利益が出ていると事業を方向転換しないといけないのに、それができずにかえってチャンスを逸してしまうケースを少なからず見てきました。良かれ悪しかれ、追い詰められると方向転換せざるをえない。追い込まれるから火事場のバカ力を発揮できる、ということはよくある話です。

sunkcost（サンクコスト。埋没損失という日本語のほうがわかりにくい）という言葉を聞いたことがあると思います。すでに支払ったコストがもったいない。せめて回収するまでは頑張る、と気をとられ、みすみすチャンスを失ってしまう。災害でも一次被害より二次被害のほうがいつも大きいのです。

「せっかくだから」「もったいないから」でチャンスをふいにしたことはありませんか？

有名な例では「コンコルド」のケースがあります。英仏が開発製造した超音速旅客機の名前です。

定期運行路線をもった世界唯一の超音速旅客機として世界中で注目を浴びました。しかし開発を進めていくと、定員の少なさ、燃費の悪さなどが浮き彫りになってきます。しかも採算がとれないと判明。

ならば、開発を中止するのが合理的判断でしょう。ところが、すでにかなりの資金を投資していたために、経営陣は意思決定ができないままだらだらと開発を続け、資金を垂れ流し続けていたのです。

4000億円の開発費を回収しようと頑張った結果、兆単位の損失を計上し、事故をきっかけに全機運行停止となった、という失敗例です。「サンクコスト効果」のなかでも特別に「コンコルド効果」と呼ばれています。

「失敗ゆうんは成功するまでに止めることや。成功するまでやれば必ず成功するで」と松下幸之助さんはよく言っていましたが、あの人ほど「逃げ足」の早い人もいませんでした。赤字事業部門の責任者を呼び、「そんなに大きな

赤字ならわしがぜんぶ買うたるわ。やめい」と鶴のひと声
で止めたこともあります。

　賞味期限切れのものは売れません。かえってお客さんに
迷惑をかけてしまいます。草鞋の時代が終わりそうなの
で、まずは近所の炭鉱夫たちが使いやすいよう丈夫なゴム
製靴を作ってみた。ブリヂストンの創業ですね。

Bad luck often brings good.
ピンチはチャンス。わざわい転じ福となす。

　そうそう、サンクコスト効果とは日本語でわかりやす
く言うと、「見切り千両、損切り万両」という言葉が当て
はまると思います。これはだれもが聞いたことがあるで
しょ。

⑦⑦ He is your man. 彼こそ適任者です。

「あなたの男」だから「うってつけ、ふさわしい、おあ
つらえ向き、適任」という意味なのでしょう。

英語は連想力。言葉は生物ですからシチュエーション次
第で次々と変化していきます。だからこそ面白いと思いま
す。

I'm your man.

任せてください。

Now I am your man.

ではなんなりと（相手になりましょう）。

ヒップホップの若者言葉に **my man** があります。夫婦や
恋人が **my darlin** と呼ぶのとは違います。ラップでリズム
をつける合いの手のようなもの？ **Hey, man**（やあ）、**Yo,
man**（よお）、**Hi, Bro**（よお）というのも同じ。

78 Check it out! 見てごらんよ！

check（チェック）は観察して確認するときに使います
よね。服装をチェックする、書類をチェックする、資料や
データをチェックする、とか。

Please check it out.
ご確認ください。

You'd better check out his background.
彼の経歴を調べたほうがいいよ。

I'll check my coat.
コートを預ける。

check には「突然の停止、妨害、阻止、抑制、防止、止
め具、押さえ具、監督、監視」それに「小切手」という意
味もあります。

チェックする人はチェッカー。そういえば、「CHECK-
ERS」という藤井フミヤさんのバンドがあります。デ
ビュー時、たしかに全員揃ってチェック地の衣装を着てい
ましたけど、だからバンド名になったわけではありませ
ん。

好きなオールディーズ（**Oldies**。1950-60年代にヒット
した英米仏伊などのポピュラー音楽）のバンドが「C」で
始まり「S」で終わる名前（**Charlies**、**Coasters** 等）が多

かったから、メンバーで吟味した結果の CHECKERS。

　ホテルではチェックイン・チェックアウト、レストランでもチェックよろしく、とか。そういえば、入退院もチェックイン、チェックアウトです。

I'll check out of the hotel.

チェックアウトするよ。

The patient checked out of the hospital.

患者は退院しました。

Put everything on my tab, when I check out.

チェックアウト時にまとめて精算して。

tab は「勘定書・伝票」という意味です。

⑦⑨ He is a quick worker.

彼は仕事が早い。

quick は「早い、迅速、敏捷、理解が早い、さとい、利口」という意味。

英語は連想力です。頭の回転が早い＝頭がキレれれば「利口」になるでしょうし、すぐに感情がブッツンする人は「キレる＝おこりっぽい」となります。同じ「切れる」でも千差万別です。

He is a quick mind.

彼は切れる（頭がいい）。

He is a quick temper.

彼はキレる。

He checked his anger.

彼は怒りを抑えた。

I'm a quick reader.

私は速読家です。

では、情報通という意味の「早耳」はどうでしょうか？ **quick ear** でしょうか？

He is quick to learn.

彼は耳が早い。

He has a nose for news.

目利きだ。

He is known for his long ears.

地獄耳で知られている。

80 Please prepare the minutes.

議事録を用意しておいてください。

minute にもたくさんの意味があります。1分2分という時間はもちろん、「瞬間、草稿、下書き、議事録（minute book）」といろいろ。

minute steak は「すぐ焼けるよう薄く切られたステーキ」のこと。

Do you have a minute?
ちょっと時間ある？（話があるんだけど）

It's 5 minutes to ten.
10時5分前です。

It's a five-minutes' work for me.
そんな仕事は朝飯前だ。

It is a ten-minute walk to the bus depot.
バス停まで歩いて10分です。

ここまでは時間の話。「議事録」が minutes（常に複数形）。meeting minutes とか。紙が貴重な時代、議会ではごくごく小さな文字で記録をとっていました。そういう意味ではマイニュートが語源なのです。

I took the minutes.

議事録をとった。

minute をミニッツではなくマイニュートと発音すれば、「微少な、厳密な、詳細の」という意味です。私だけかもしれませんが、若い頃から minute（マイニュート）をビジネス文書でよく使っています。

She worries too much about minute differences.

彼女は細かい違いにこだわりすぎる。

81 You are free of troubles.

きみはトラブルとは無縁だね。

　自由の国、米国。free にはたくさんの意味があります。「自由な、自主独立の、参加自由の、自主的な、用事がない、正式に縛られない、自発的な」とか。

　レイ・チャールズの大ヒット曲 Don't Set Me Free の free です。Georgia on My Mind と同じシド・フェラーがプロデューサーとして制作にかかわった作品です。Unchain My Heart という大ヒット曲も歌っていて、いったいどっちなんだと突っ込みたくなります。

Let's have a free discussion on this matter.
この問題はフリートークにしましょう。

My free day is Wednesday.
水曜日は仕事がありません。

She's too free with her boss.
彼女は上司にすごくなれなれしい。

　free agent は「自由契約選手」。日本では「自由契約」はクビの意味合いが強いですが、米国ではフリーハンドで契約可能ということになります。

　free gift は「おまけ商品」、**free hand** は「自由裁量」、**freehanded** なら「気前がいい」、**freelance** は「自由業（フ

153

リーランサー）」、**free pass** は「顔パス」のこと。**tax-free**、
duty-free は「免税」。

He is free with the money to get inteligence.
情報をつかむためなら金を惜しまない。

82 I've gotten stage fright.

上がってしまいました。

いまでこそ毎週のようにあちこちで講義していますから「上がり症」からは解放されていると思いますが（リラックスしすぎも問題ですが）、初めての講演や講義では緊張して、汗をかいたり、のどが渇いたり、演台に立てば立ったで膝がガクガク、広げた風呂敷を畳めなくなってしどろもどろ……こんな状態を **stage fright** といいます。

stage は「ステージ、舞台、過程」で **fright** は「恐怖」のこと。つまり、**stage fright** とは「舞台負け」という意味ですね。

My cancer woud be the early stages.

がんは初期のようです。

飛行機の **flight** とはスペリングがちがいます。**flight** は「飛行、飛行機旅行」。「フライトナンバー 125（125 便）」などにも使われます。

Next year, Donald John Trump could stage a comeback.

来年、トランプはカムバックします。

「カムバック」という言葉がトランプ前大統領はことのほか好みのようで、ビジネスのピンチや離婚経験を盛り込んだ『The Art of the Comeback（カムバックの技術）』と

いう本まで出版しています。2022年11月といえば、丸2年後は大統領選挙。この日、トランプは大統領選出馬のカムバック宣言。総立ちの支持者は大歓声。

　中間選挙では下院をなんとか共和党が制しました。しかもトランプが支援した候補は議員、知事ともほとんど当選。「トランプが出すぎたから敗けた」と評するメディアはトランプを攻撃するネタならなんでも使いたいのでしょう。

83 Spare me the details.

詳細はいい（から要点を言ってくれ）。

To the point. も同じです。ポイントを外れて、だらだら説明する人を見ると、思わず言いたくなるひと言です。

首相でもいましたね。「言語明瞭意味不明」と自嘲した竹下登元首相は、自分で言うほどそれほどでもありませんでした。もっともっと酷い首相が何人もいます。だらだら話を続ける。延々と話す。首相というのはそんなに暇なのかと呆れてしまうほど。たしかにさっさと辞任の憂き目に遭いましたけど、やはり中身の濃い政治家でなければ国民に捨てられてしまうでしょう。

Be as brief as possible, please.

できるだけ簡潔に説明してほしい。

全米で人気のある大統領といえば、リンカーンは別にしてロナルド・レーガンの評価が高いことをご存じでしょうか。三流俳優上がりとバカにされましたが、ハリウッドでも労組等で交渉ごとを担当するなど、表の世界より裏方で活躍した人物でした。

彼の報告のさせ方は、超多忙の現役ビジネスパースンにも役に立つと思います。

まず結論。次にその理由と根拠を3つ。しかも1行で、というものです。さらに説明が欲しいときは呼ぶから、そ

の時に口頭で回答すべし。

　こうでないといけませんよね。好き放題報告させていたら、自分の時間を浪費させてしまいます。時間は戻りませんから **killing time** は避けなくちゃいけません。

Life is brief.
人生は短い。

　brief は「短い」。だから「簡潔な、概要」を意味します。**briefing** は「事前の簡単な説明、簡潔な報告」のこと、**briefcase** は「書類鞄」。そうそう、男性用のパンツ（トランクス型でないほうの短い下着）も **brief** と呼びますね。

⑧⑷ **Think different.** 発想を変えろ！

　昔、「違いがわかる男」という CM がありました。違いがわからない私としては、大人になれば自然とわかるのかと思っていましたが、大人になってもわかりませんね。

　あまり年齢は関係ないのだ、と悟りました。わかる人にはわかる。わからない人には永遠にわからない。そういうものだと思います。

　では、どうしたらわかるかというと、視座を変えること。視点を動かしてみること。

　人の細胞は毎日毎日 1 兆個も生まれ変わっています。しかし、脳細胞だけは生まれ変わらない。だからあえての視座の転換。メガネをかけ替えてみる。物理的に視座を変えるように旅に出てもいいし、思考法を変えるようにいままで読んだことの無い本や映画にトライしてもいい。いままでと違うことをしてみようと意識する。

　ヒューマンカルチャーショックを仕掛けてみる。つまり、人間革命です。

　なかなか変わらないでしょうね。「変わることってそんなにいいこと？」と気づくかもしれません。一周まわって元通り。でも、その時、すでに視座は変わっているのでは？

　Think different. はアップルのスローガンとして有名ですね。**different** は「異なった、違った、別の、いろいろな、並はずれた、変わった、独特の、特徴的な」ですね。中学生で習う基本単語です。名詞形 **difference** は受験英語の常

連。それが有名企業の CM 等でもはや日本語になってしまいました。

make a difference は「違いを生じる、重要だ、影響がある」。

It can make a big difference.
それが大きな違いを生むんです。

This project makes much difference to Japan.
この計画はわが国にとってきわめて重大。

What's the difference?
何の違いがあるの？（どうでもいいことだよ）

Something New/Something Different.
新しいモノ、なにか違うモノ。

これは小林製薬の行動原則として有名です。「あったらいいな」のアイデア企業ですから、常に新しいアイデア、発想、切り口を追求しているのです。

Why don't you try something new?
なにか新しいことに挑戦してみたら？

It's never too late to start something new.
新しいことを始めるのに遅すぎることはない。

85 Just Do It. とにかくやってみよう！

　この道を行けば　どうなるものか

　危ぶむなかれ　危ぶめば道はなし

　踏み出せば　その一足が道となり　その一足が道になる

　迷わず行けよ　行けばわかる

　アントニオ猪木の愛した言葉です。引退時のメッセージでもありました。

　彼の作ではありません。しかも、3行目のリフレインは度忘れからでしょうが、ファンも物まね芸人もその通り繰り返しています。

　元となる詩は暁烏哲夫（清澤哲夫）の作。本人も住職ですが、真宗大谷派宗務総長をつとめた僧侶、宗教学者である暁烏敏の孫娘と結婚し暁烏家を継いでいます。祖父は僧侶であり哲学者であり、大谷大学初代学長をつとめた清澤満之です。

　門の前では何もわからない。しかし、いったん門を入れば氷解することがたくさんあります。入口でごちゃごちゃ言ってる暇があるならさっさと入れ、というわけです。

　勇気のあるなしとは関係ありません。入るか否かは「ご縁」があるかどうか、です。縁なき衆生は度し難し、といいます。

　私の主宰する勉強会など、飲食店の口コミサイトが縁で入会し、すでに20年も勉強しているメンバーもいます。なにが縁になるかわかりません。会うたびに「いつか勉強

したいと思います」と言う人もいます。ま、死ぬまでそう言っていると思います。

We have no time to make a trip.
旅する時間がありません。

He died before his time.
早死にした。

Time is money.
時はカネなり。

旅に出よう。定年になったら妻を連れて、夫とともに……残念ながら、そんな計画はいつもペーパーワークで終わりがち。

若い頃は時間もあり、体も元気ですが、おカネがありません。壮年になりますと多忙で時間がありません。そして年を取ると、おカネも時間もあるのに旅に出る体力がありません。そのうちチャンスを見つけて、と弁解している間に身体が動かなくなります。

動ける間が華。時間もおカネも健康も実は、待ってはくれないのです。

86 What's the use?

そんなことしても無駄だよ。

use とは「効果、効き目、習慣」という意味。発音は「ユース」。使うは「ユーズ」。

It's of no use.
何の役にも立たない。

Use makes perfect.
習うより慣れろ。

aicient use は「しきたり」というような意味です。

I'm not used to speaking in public.
人前で話すのは慣れてないんだ。

used は学校で習ったとき、「以前は……だった」と覚えたはずです。

He is not what he used to be.
いまの彼は昔の彼ではない。

used car は「中古車」、**used books** は「古本」、**used clothes** は「古着」というときの **used** の発音は「ユーズド」。これも面倒ですが、習うより慣れろです。

☐ nursing care insurance	介護保険
☐ virtual reality	仮想現実
☐ class disintegration	学級崩壊
☐ in-home separation	家庭内離婚
☐ cloned sheep	クローン羊
☐ aging society	高齢化社会
☐ society with a decreasing birthrate	少子社会
☐ personal bankruptcy	自己破産
☐ information disclosure	情報公開
☐ organ transplant	臓器移植
☐ brain death	脳死
☐ easy death	安楽死
☐ surrogate mother	代理母
☐ side effect	副作用
☐ hay fever	花粉症
☐ adult diseases	生活習慣病
☐ illegal entry	不法入国
☐ vocational school	専門学校
☐ brain drain	頭脳流出
☐ atopic dermatitis	アトピー性皮膚炎
☐ violence in school	校内暴力
☐ refusal to attend school	登校拒否
☐ subsidy	補助金
☐ jargon	専門用語
☐ crunch	不況

☐ reshuffle　　　　　　　内閣改造

☐ primary　　　　　　　　予備選

☐ sanction　　　　　　　　制裁

You have a point. 確かに一理ある。

point は「ポイント、点（地点、要点、時点）、問題、特徴、価値」などいろいろな意味があります。

最近は現金をほとんど持たずに生活できます。たとえば、ネット販売にしても購入で付与されたポイントを支払いに使うことも当たり前。いまや、ポイントが電子マネー機能を発揮しているのです。

また、コンビニやスーパーでもポイントカードを作れば購入ポイントがつき、さらにクレジットカードで支払ったらそれにもポイントが……。世の中、何を買ってもポイントが付加するようになっています。ということは、ポイントカードが激増するということです。

財布がポイントカードでパンパンに膨れ上がっている人は少なくありません。この中から捜すとなると一苦労では、と他人事ながら心配になります。案の定、レジ前でポイントカードが見つからず、カード捜しをする人も目につきます。この間、周囲はただウェイティング。困ったものです。

ある意味、カード地獄。そのうち、これらのカードもまとめられることになると思います。多すぎますから。M&A が盛んになると思います。

weak point は「弱点」、freezing point は「氷点」、talking point は「宣伝すべき点」、a pointless remark は「要

点のはっきりしない意見」とかね。

Speak to the point.

要領よく話してください。

I take your point.

きみの言いたいことはわかる。

We're coming at the point of no return.

もう引き返せないところまで来ている。

It's beside the point.

要点がずれてます。

beside は「……のそばに」。つまり、中心点を射ていないわけです。少しずれている、というニュアンスです。

She sat beside me.

彼女は横に座った。

He is beside himself with joy.

喜びに我を忘れている。

Are we on the right track?

このままで本当にいいの？

新しいビジネスを進めているとき、周りを見渡して、「おいおい、このままのやり方でうまくいくのかいな、ちょっとストップしてもう一度考えようよ」と疑問を投げかけるときに使う定番表現ですね。

track は陸上競技の「トラック」できちんと決まった道を指しますから、「軌道、常道、（人生の）進路、やり方」を意味しています。

We're on the wrong track.
方向が違ってるよ。

We must start from scratch.
ゼロからはじめなければ。

scratch はゴルフでハンディキャップなしでプレーするときに使いますよね。もともとは「引っかく、こする、走り書きする」。スクラッチくじでご存じのはず。
from scratch は「振り出しに戻って」という意味です。

Scratch my back and I'll scratch yours.
魚心あれば水心（背中をかいてくれたら次はきみの番だ）。

Your campaign was a block-buster.

キャンペーンは大成功だったね。

campaign は「選挙活動、キャンペーン」。blockbuster はもともとある block（区画）を破壊するほどの「大型爆弾」のことですが、ほかに「効果があるもの、強烈な印象」という意味もあります。

I hope you'll back me up in the campaign.
選挙では応援よろしくお願いします。

back up も日本語になってます。back「後方に（で）、陰で」で持ち上げる。そこで「応援する」です。

back talk は「（生意気な）口答え」のこと、back door は「裏口、不正な手段」、background は「背景、背後事情、経歴」。back number は「（雑誌などの）バックナンバー」だけではなく、そこから「時代遅れの人」を指します。

backbreaking は「背中が折れる＝骨の折れる」という意味です。プロレスでバックブリーカーという技がありますが、正確にはバックブレイカーですね。

You must not speak ill of others behind their backs.
人のいないところで悪口を言っちゃいけない。

She is a back-seat driver.

彼女はお節介だ（運転手に後ろからあれこれ指図する乗客＝
お節介）。

90 It is next to impossible.

それはほとんど不可能だ。

next は「今度の、隣の」という意味ですから、**next cabinet** といえば、野党がつくる「次の内閣」になります。**next to** となると、「ほとんど……だ」の意。

He lives next door.

彼は隣に住んでいる。

He was next door to death.

彼は瀕死だった。

91 **The stock market has got flat.**

株式市場に活気がなくなってきた。

flat は「平坦な、凸凹のない」。flat tire といえば「パンク」ですもんね。

flat rate なら「均一料金」、flat refusal は「きっぱり断ること」といった具合です。

Life is flat here.

ここでの生活は単調だ。

That's flat.

はっきり言っておくよ。

92 # The stock price went into a spin.

株価が急落した。

spin は「糸を紡ぐ、ぐるぐる回す、ボールにスピンをかける、きりきり舞いする」。

spin off は「会社を発展的に分離新設する」という意味です。

My head is spinning.／My head is swimming.
頭がくらくらしている。

⓷ I'm an angellet.

angel とは天使のことです。**LosAngels** はスペイン語で「天使たち」という意味ですが、それがそのまま都市の名前になりました。

ベンチャー企業を育てるスポンサーを **angel** といいます。エンジェル基金というのも資金的なサポートのことです。

ところで、接尾辞の **let** は **booklet** とか **leaflet** というように、「少し」「小さい」という意味です。**angellet** というのは **angel** ほど肩入れしているわけではないけど、少しは援助しています、という謙遜した表現になります。

- [ ] stakeholder　　　　　　企業関係者
- [ ] foreign affiliated firms　　外資系企業
- [ ] management personnel　　経営陣
- [ ] corporate culture　　　　企業文化
- [ ] business practices　　　　ビジネス慣習
- [ ] strategy　　　　　　　　戦略
- [ ] action plans　　　　　　行動計画
- [ ] parent company　　　　親会社
- [ ] maximum delegation　　最大限の委任
- [ ] management fundamentals　経営の基本
- [ ] market research　　　　市場調査
- [ ] distribution system　　　流通機構
- [ ] wholesale and retail sector　卸売と小売部門
- [ ] horizontal integration　　水平統合
- [ ] vertical integration　　　垂直統合
- [ ] corporate identity　　　企業イメージ
　　　　　　　　　　　　　（いわゆるＣＩのこと）
- [ ] niche market　　　　　すきま市場
- [ ] balance sheet　　　　　貸借対照表
- [ ] P/L (profit&loss statement)　損益計算書
- [ ] break even point　　　　損益分岐点
- [ ] financial statement　　　財務諸表
- [ ] goodwill　　　　　　　のれん
- [ ] M&A (merger and acquisition)
- [ ] perfect attendance

94 You'd better get rid of bias as much as possible.

できるだけ先入観は取り除いておきなさい。

bias は「先入観、偏見、思いこみ」です。バイアスもはや日本語。偏見とか先入観という言葉のほうがあまり使われていない感じがします。私はここ数年、偏見や先入観という表現をあまり使っていない気がします。

しかし、バイアスは週一で使っています。

fake news という言葉が最近はよく使われますが、金融ビジネスにおいて操作された情報で正しい判断ができなければ投資で大損してしまいます。株式市場における「風説の流布」もそんな操作の一つです。

そういえば、例文にある **get rid of** も懐かしい受験英語の常連でしたね。

95 He is armed with English.

彼の武器は英語だ。

arm は「腕、権力、武装する」ですね。

arms と複数形になると「武器、戦争」を意味します。
army は「軍隊」、the Salvation Army は年末恒例の「救世
軍」のことです。

You'd better chance your arm.
一か八かやってみろよ。

96 The die is cast. サイは投げられた。

die は「死ぬ、枯れる、死ぬほど……する」というほか
に、「サイコロ」という意味があります。ダイスは dice(複
数形) です。

Bruce Willis (ブルース・ウィルス) の主演映画『Die
Hard』は「死ぬほど大変」「最後まで抵抗する人」の意。

ところで、同じ死ぬにしても die のあとの前置詞が変わ
ります。

He died of an illness.
病気 (が原因) で死んだ。

He died from wounds.
傷 (が原因) で死んだ。

The wind suddenly died.
風が急にやんだ。

I'm dying to see her.
矢も盾もたまらず彼女に会いたい。

☐ class action	株主代表訴訟などの集団訴訟
☐ first mover advantage	先行者利益
☐ founder shares	創業者に無償贈与される名誉株
☐ joint venture	合弁企業（事業）
☐ emoloyee	従業員
☐ customer	消費者
☐ prospective customer	見込み客
☐ stock option	優先的に自社株を購入できる権利
☐ takeover	乗っ取り
☐ LBO (leveraged buyout)	買収で asset（資産）を 担保にして資金調達すること
☐ turnover	離職率、資金の回転率

【著者プロフィール】

中島孝志
（なかじまたかし）

東京生まれ。早稲田大学政治経済学部政治学科卒業、南カリフォルニア大学大学院修了。PHP研究所、東洋経済新報社を経て独立。経営コンサルタント、経済評論家、ジャーナリスト、作家、大学・ビジネススクール講師。

■原理原則研究会（全国6カ所）、投資研究会を主宰。

■著訳書は600冊（電子書籍100冊含む）。要人プロデュース延べ500人超。読書は年間3000冊ペース。落語、宝塚歌劇、シャンソンの熱烈なファン。

■投資メルマガ「V字反発する "どん底銘柄 特急便"」毎週配信。

■「聴く！通勤快読」「読む！見る！通勤快読宅配便」平日毎日配信。

■「中島孝志の経済教室メルマガ」週3回配信。

えっ、ほんと？　英語で脳が若返る！
70歳からのやり直し英会話

▲ アルソス新書501

2023年3月1日　第1刷発行

著　者　中島孝志

発行者　林　定昭

発行所　アルソス株式会社

　　　　〒203-0013　東京都東久留米市新川町2丁目8-16
　　　　Tel: 042-420-5812（代表）
　　　　https://alsos.co.jp

印刷所　株式会社 光邦

デザイン　森　裕昌（森デザイン室）

©2023 Takashi Nakajima, Printed in Japan
ISBN 978-4-910512-10-5　C2082